MINISTÈRE DE LA GUERRE

5e Direction. — Bureau des Hôpitaux et des Invalides.

MANUEL

DE

L'INFIRMIER

DE VISITE

PARIS

Librairie de la Médecine, de la Chirurgie et de la Pharmacie militaires.

VICTOR-ROZIER, ÉDITEUR,

Rue Childebert, 11.

Près la place Saint-Germain-des-Prés.

1867

MANUEL

DE

L'INFIRMIER DE VISITE

PARIS.—Impr. de Cosse et J. Dumaine, r. Christine, 2.

MINISTÈRE DE LA GUERRE

5e Direction. — Bureau des Hôpitaux et des Invalides.

MANUEL

DE

L'INFIRMIER

DE VISITE

PARIS

Librairie de la Médecine, de la Chirurgie et de la Pharmacie militaires

VICTOR ROZIER, ÉDITEUR

11, RUE CHILDEBERT, 11

(Près la place Saint-Germain-des-Prés.)

—

1866

PRÉAMBULE.

Les infirmiers de visite sont chargés, dans les hôpitaux militaires et les ambulances, de la tenue des cahiers de visite, de la rédaction des relevés journaliers de prescriptions, de la distribution des médicaments et de l'exécution des petits pansements.

Cette mission, bien que secondaire, est très-importante; car il ne suffit pas, pour obtenir la guérison d'un malade, que le médecin agisse suivant les règles de l'art, il faut aussi qu'il trouve un concours dévoué et intelligent chez les personnes qui l'assistent.

Auxiliaires naturels des médecins militaires, les infirmiers de visite doivent se montrer fidèles exécuteurs de leurs ordres; ces ordres, desquels dépend souvent la vie des malades, doivent être remplis avec le soin le plus scrupuleux, et, sous

1

aucun prétexte, ils ne doivent être ni discutés ni modifiés par ceux qui sont chargés de leur exécution.

Les infirmiers de visite doivent être d'une moralité à toute épreuve, et avoir une conduite qui jamais ne laisse rien à désirer. — Leur instruction professionnelle, acquise au Val-de-Grâce, par des exercices théoriques et pratiques, doit toujours être entretenue pour la mission spéciale qui leur est confiée.

Dans cette vue, il a paru utile de réunir sous forme de Manuel toutes les décisions ministérielles qui concernent les infirmiers de visite, et d'y joindre un abrégé des matières qui leur sont enseignées au Val-de-Grâce.

MANUEL

DE

L'INFIRMIER DE VISITE

TITRE PREMIER.

1re SECTION. — DISPOSITIONS GÉNÉRALES.

DEVOIRS DES INFIRMIERS.

Art. 1er. Les infirmiers de visite sont chargés, sous la direction immédiate des officiers de santé, de la tenue des cahiers de visite, de l'établissement des relevés journaliers de prescription, de la distribution des médicaments et de l'exécution des pansements simples.

2. En dehors de leur service spécial, ils sont à la disposition du comptable, qui ne peut toutefois les employer aux travaux de force ni à ceux de propreté.

SOLDE.

3. Ils ont droit, à dater du jour de leur mise en service, à la prime de travail fixée ainsi qu'il suit :

Infirmiers soldats.	0 fr. 35 c.
Infirmiers caporaux. . . .	0 60
Infirmiers sergents.. . . .	0 90

4. Indépendamment de la prime de travail, une gratification mensuelle peut être payée aux infirmiers de visite qui se font remarquer par un zèle et par un dévouement continus et exceptionnels.

AVANCEMENT.

5. La proportion des grades est fixée de la manière suivante :

Sergents, 1 sur 6 hommes.
Caporaux, 1 sur 3 hommes.

6. Les nominations aux classes et aux grades ont lieu au fur et à mesure des vacances.

7. Dans les établissements hospitaliers, le médecin en chef a l'initiative des propositions de récompenses pour les infirmiers de visite. — L'officier d'administration comptable annote ces propositions, qui sont remises au sous-intendant militaire.

8. Un infirmier de visite gradé ne peut passer dans la catégorie des infirmiers commis aux écritures ou dans celle des infirmiers du service général d'exploitation que par permutation dûment autorisée ou en faisant abandon de son grade.

HABILLEMENT.

9. Comme marques distinctives de leurs fonctions, les infirmiers de visite portent au collet de la tunique et de la veste un ornement brodé en fil blanc sur un écusson mobile de drap bleu, et, à la patte du collet de la capote, ce même ornement sur un écusson mobile de drap garance.

Cet ornement est celui du retroussis de l'habit du médecin militaire dont le dessin figure à la planche II, jointe à la décision ministérielle du 4 mars 1854, insérée au *Journal militaire* (1ᵉʳ semestre 1854, page 109).

RÉPARTITION.

10. Le médecin en chef répartit dans les divisions de malades les infirmiers de visite attachés à l'hôpital, et leur fait continuer l'instruction professionnelle en suivant les règles tracées par le programme. — Le médecin en chef est, à cet effet, prévenu au fur et à mesure de toutes les mutations qui s'effectuent.

11. Trois infirmiers de visite sont attachés à chaque médecin traitant, et leur répartition est faite par le médecin en chef, de manière que chaque groupe comprenne autant que possible un homme gradé.

EXERCICES PRATIQUES.

12. Le médecin en chef, et, sous sa direction, les autres médecins exercent les infirmiers de visite aux pansements et au service d'aide dans les opérations qui n'exigent pas le concours de plusieurs médecins.

DISCIPLINE ET SUBORDINATION.

13. Les infirmiers de visite sont soumis envers les fonctionnaires de l'intendance, envers les officiers de santé et d'administration sous les ordres desquels ils se trouvent, et, entre eux, à toutes les règles de la subordination militaire.

Ils relèvent de l'autorité militaire pour tout ce qui concerne le service général, l'ordre public, la police des garnisons et la discipline commune à toute arme.

INSTRUMENTS.

14. Au moment de son entrée en service, chaque infirmier de visite est mis en possession d'un exemplaire du présent *Manuel* et d'une trousse uniforme renfermant les instruments ci-après indiqués :

> Une paire de ciseaux,
> Un rasoir,
> Une pince à pansement,
> Une spatule.

15. Cette trousse, ainsi que le *Manuel*, sont leur propriété, et le montant en est prélevé sur leur masse individuelle.

16. Les remplacements d'instruments sont également à la charge des infirmiers de visite.

Ils sont prononcés par MM. les médecins en chef des hôpitaux militaires, qui s'assurent, au moins une fois par mois, que la trousse de chaque infirmier est au complet, et que les instruments sont en bon état d'entretien et propres au service auxquels ils sont affectés.

17. Les repassages des instruments sont à la charge du service des hôpitaux militaires et sont faits, dans chaque établissement, par le coutelier chargé du repassage des instruments composant l'arsenal chirurgical de l'établissement.

2e SECTION. — SERVICE JOURNALIER.

FONCTIONS.

18. Les infirmiers de visite doivent, en toute circonstance, s'acquitter, sans distinction de spécialité, des fonctions qui leur incombent; ils alternent par mois pour la tenue des cahiers de visite, pour l'établissement des relevés de prescriptions, et pour l'exécution des pansements.

AVANT LES VISITES.

19. Les infirmiers de visite chargés de la tenue des cahiers doivent, avant l'arrivée du médecin, inscrire sur leurs cahiers les malades entrés dans le service depuis la dernière visite.

20. L'infirmier de visite chargé des pansements se rend, à l'heure fixée par le médecin en chef, dans la chambre des appareils; il y reçoit une quantité de linge propre égal à celle qu'il a employée la veille à ses pansements; il complète son appareil et le transporte dans son service où il prépare d'avance toutes les pièces présumées nécessaires à ses pansements.

VISITES.

21. Deux visites sont faites chaque jour dans les salles de malades, l'une le matin et l'autre le soir.

Les visites du matin commencent à 6 heures, du 1er avril au 30 septembre, et à 7 heures du 1er octobre au 31 mars; elles peuvent avoir lieu, avec l'autorisation du sous-intendant, plus tôt ou plus tard, suivant le nombre des malades, mais toujours de manière que la distribution des médicaments soit terminée au moins une heure avant celle des aliments, et que celle-ci n'éprouve aucun retard. — Les visites du soir sont faites aux heures jugées convenables par les officiers de santé en chef, qui s'entendent, à cet effet, avec le sous-intendant militaire.

22. Les infirmiers de visite suivent les médecins traitants dans leurs visites; l'un tient note des pansements, et les deux autres inscrivent immédiatement toutes les prescriptions sur deux cahiers (*modèle n° 1*). — Elles sont écrites en langue française, et on ne peut se servir d'aucune formule chimique ou pharmaceutique pour désigner les substances et les doses. — Il n'est employé d'autres abréviations que celles du formulaire (*modèle n° 2*).

23. Des médicaments peuvent être pris, pendant la visite, sous les yeux du médecin traitant. — La distribution en est faite au moment de la prescription. — Les médicaments nécessaires à cette distribution sont délivrés par la pharmacie, sur les indications du médecin traitant. — Tout ce qui n'a pas été utilisé est rapporté à la pharmacie immédiatement après la visite.

APRÈS LES VISITES.

24. Immédiatement après la visite, les infirmiers de visite qui ont tenu les cahiers établissent les relevés (*modèles n°ˢ 3 et 4*) des médicaments et des aliments prescrits. — Les relevés, signés par le médecin aide-major de la division et par le médecin traitant, sont remis, le premier, au pharmacien en chef, et le second à l'officier d'administration comptable, au moins une heure avant la distribution.

DISTRIBUTION DES ALIMENTS.

25. La distribution des aliments est faite dans les hôpitaux militaires le matin à 10 heures et le soir à 4 heures et demie ; le sous-intendant peut, néanmoins, sur la demande qui lui en est faite par le médecin en chef, de concert avec l'officier d'administration comptable, changer les

1.

heures de distribution, de manière à augmenter l'intervalle entre les deux repas.

26. La distribution est annoncée par une sonnerie ou à son de cloche, à deux reprises différentes et à un quart d'heure d'intervalle.

27. Les portions de viande et de pain sont disposées, pour chaque division de malades, d'après les relevés partiels des cahiers de visite, établis conformément à l'article 24.

28. La distribution commence par le pain et le vin ; viennent ensuite les potages, les soupes, le bouillon et la viande, et, enfin, les légumes et les aliments légers ou particuliers.

29. Le transport des aliments, de la cuisine ou de la dépense dans les salles, a lieu sous la surveillance des infirmiers-majors, des plantons et, au besoin, des hommes de garde commandés à cet effet. L'officier d'administration comptable prend les mesures nécessaires pour que les aliments arrivent dans les salles aussi chauds que possible.

30. Les distributions sont faites par les infirmiers de visite qui sont chargés de la tenue des cahiers, le matin, sous la surveillance des médecins aides-majors attachés aux divisions ; le soir, sous celle du médecin de garde. — Les médecins aides-majors et le médecin de garde veillent à ce que chaque malade reçoive les aliments qui leur ont été prescrits, en ayant soin de les supprimer ou de les diminuer à ceux à qui des accidents seraient survenus depuis la visite.

31. Lorsque l'état d'un malade donne lieu de diminuer ou de supprimer la distribution des aliments qui lui avaient été prescrits, les aliments non consommés rentrent à la dépense, et le pain et le vin sont déduits des relevés par les médecins traitants, d'après la déclaration du médecin qui a suivi la distribution.

DISTRIBUTION DES MÉDICAMENTS.

32. La distribution des médicaments est faite, le cahier à la main, par les infirmiers de visite désignés à cet effet; elle a lieu deux fois par jour : le matin, immédiatement après la visite, et une heure au moins avant la distribution des aliments, pour les médicaments à prendre dans la journée ; le soir, après la distribution des aliments pour les médicaments à prendre dans la soirée. — La distribution du matin a lieu sous la surveillance du médecin-aide-major de la division; celle du soir sous la surveillance du médecin de garde.

Outre ces deux distributions, il en est fait une, s'il y a lieu, une heure avant la visite du matin, pour administrer les médicaments qui restent à prendre par suite des prescriptions de la veille.

EMPLOI DES CAHIERS DE VISITE.

33. Lorsque les distributions d'aliments et de médicaments sont terminées, un des cahiers reste en dépôt à la pharmacie.

Les cahiers de visite sont remis, à la fin de chaque mois, à l'officier comptable, qui les conserve jusqu'à l'apurement définitif de ses comptes.

COLLATIONNEMENT ET SIGNATURE DES CAHIERS DE VISITE.

34. Les cahiers de visite sont collationnés tous les jours par le médecin aide-major, qui rectifie les erreurs qui auraient pu s'y glisser ; ils sont signés par les médecins traitants à la fin du mois ou à la sortie du malade, si elle a eu lieu avant cette époque.

EXÉCUTION DES PANSEMENTS.

35. Les pansements doivent toujours être faits le matin ; ils sont renouvelés aussi souvent que le médecin traitant le juge convenable, mais autant que possible de manière à ne pas gêner les distributions.

36. Les pansements difficiles ou compliqués sont exécutés par les médecins aides-majors des divisions, et les pansements simples ou ordinaires par les infirmiers de visite, sous leur surveillance. — Ils ne sont commencés que lorsque tous les appareils sont prêts, afin d'éviter que les plaies restent exposées à l'impression de l'air. Dès qu'ils sont terminés, les substances toxiques qui ont servi aux applications externes sont retirées de l'appareil et placées dans l'armoire de l'infirmier-

major, où est disposé un compartiment spécial, dont la clef reste entre les mains de l'aide-major.

37. Les infirmiers attachés aux pansements ont soin de recueillir dans des paniers le linge, les bandes et les compresses qui ont servi au pansement précédent. — Le linge est compté par l'infirmier-major, qui en établit une note (*modèle n° 5*) signée par lui et visée par l'aide-major de la division.

Il est ensuite rendu au magasin par les soins de cet infirmier, pour y être échangé contre une égale quantité de linge propre qui est remis à l'aide-major de la division.

38. Il est recommandé d'éviter de couper ou de déchirer les bandes et les compresses.

39. Lorsque des circonstances nécessitent des consommations imprévues de linge pour les sortants ou pour toute autre cause, il est rendu immédiatement compte au médecin traitant, en lui faisant connaître le numéro de la salle et du lit du malade dont le pansement exige ces consommations.

INFIRMIERS DE VISITE DE GARDE.

40. Un ou plusieurs infirmiers de visite sont commandés chaque jour de garde, et mis sous les ordres du médecin de garde.

Un appareil complet est mis à sa disposition ; il doit justifier, dans la forme indiquée à l'article 37, des consommations qu'il a pu faire dans le cours de cette garde, afin que l'appareil puisse, après avoir été recomplété et mis dans un état parfait de propreté, être remis à son successeur.

TITRE II.

INSTRUCTION.

PROGRAMME.

44. Les infirmiers de visite reçoivent leur instruction théorique et pratique au Val-de-Grâce.

L'instruction dure deux mois ; le premier mois est consacré aux exercices théoriques dans les classes , et le deuxième aux exercices pratiques dans les salles de l'hôpital militaire de cet établissement.

42. L'instruction dans les classes comprend :

La théorie des cahiers de visite ;

La rédaction des relevés journaliers d'aliments et de médicaments ;

L'étude des pansements et des bandages les plus usuels ;

La démonstration du caisson d'ambulance ;

Les exercices pratiques pour enlever et transporter les blessés ;

L'application des gouttières aux membres fracturés;

Les premiers secours à donner en cas d'hémorrhagie : compression avec la main, avec le garrot, tamponnement.

43. L'instruction pratique dans les salles comprend :

La tenue des cahiers de visite ;

L'établissement des relevés journaliers d'aliments et de médicaments;

L'exécution des pansements et des bandages.

PREMIÈRE PARTIE.

CAHIERS DE VISITE ET RELEVÉS JOURNALIERS DE PRESCRIPTIONS.

1ʳᵉ SECTION. — CAHIERS DE VISITE.

44. Les cahiers de visite sont, au point de vue administratif, la justification des consommations en denrées et en médicaments.

45. Les cahiers sont composés du nombre de feuilles présumé nécessaire pour le service pendant un mois; ils doivent être tenus proprement et lisiblement. — Ils comprennent tous les malades d'une même division. — Ces malades y sont désignés par leur nom et par le numéro du lit qu'ils occupent.

46. Le cahier de visite (modèle n° 4) est divisé en deux parties, dont l'une pour les jours pairs et l'autre pour les jours impairs, afin que le médecin traitant puisse tenir à la main le cahier de la veille ; il se compose de pages imprimées dont la première ou couverture comprend les désignations de :

La division militaire ou armée ;

La place ou garnison ;

L'hôpital militaire ;

Le mois et l'année de l'exercice ;

Le médecin traitant, sa qualité et son grade ;

Le médecin aide-major chargé de suivre la visite ;

Le nombre de feuilles comprises dans le cahier.

Les autres feuilles, dont chaque malade occupe une page, comprennent :

Les numéros de la salle et du lit ;

Les noms et prénoms du malade ou des malades, si dans le courant du mois il y a eu mutation ou remplacement ;

Le corps auquel il appartient ;

Le nombre de jours écoulés depuis l'invasion de la maladie jusqu'à l'envoi de l'homme à l'hôpital ;

La date de l'entrée (toutes ces inscriptions précitées doivent être portées sur le cahier préalablement à la visite) ;

La case des mutations qui indiquent la sortie, l'évacuation ou le décès du malade ;

Les dates du mois ;

Les prescriptions alimentaires du matin et du soir ;

Les prescriptions médicamenteuses ;

Le nom de la maladie et toutes les observations qui ont trait à sa marche ou à ses diverses périodes.

47. Les inscriptions d'aliments et de médicaments doivent être promptement effectuées; de là, la nécessité d'employer des abréviations.

48. Pour les aliments, les abréviations sont les suivantes :

4.	signifie :	Quatre portions de pain.
3.	—	Trois portions de pain.
2.	—	Deux portions de pain.
1.	—	Une portion de pain.
1/2.	—	Une demi-portion de pain.
D. 2, 3, 4, B.	—	Diète. — Deux, trois, quatre bouillons.
R. g.	—	Riz au gras.
R. m.	—	Riz au maigre.
R. l.	—	Riz au lait.
Verm. g.	—	Vermicelle au gras.
Verm. m.	—	Vermicelle au maigre.
Verm. l.	—	Vermicelle au lait.
S. l.	—	Soupe au lait.
S. m.	—	Soupe maigre.
Sem. g.	—	Semoule au gras.
Sem. l.	—	Semoule au lait.
Cr. r. g.	—	Crème de riz au gras.
Cr. r. l.	—	Crème de riz au lait.
Bl⁰.	—	Bouillie.

Jul. g.	signifie :	Julienne au gras.
Jul. m.	—	Julienne au maigre.
Pde. g.	—	Panade au gras.
Pde. m.	—	Panade au maigre.
B. m.	—	Bouillon maigre.
Lég. fr.	—	Légumes frais.
Lég.	—	Légumes secs.
Maca.	—	Macaroni.
O.	—	Un œuf à la coque.
OO.	—	Deux œufs à la coque.
Om.	—	Un œuf en omelette.
OOm.	—	Deux œufs en omelette.
O. pl.	—	Un œuf sur le plat.
OO. pl.	—	Deux œufs sur le plat.
Pois.	—	Poisson.
Pr.	—	Pruneaux.
Rais.	—	Raisin.
Gros.	—	Groseille.
Pom.	—	Pomme.
Conf.	—	Confiture.
Bisc.	—	Biscuits.
Choc.	—	Chocolat.
Café l.	—	Café au lait.
Sal.	—	Salade.
V.	—	Viande.
V. rôt.	—	Viande rôtie.
Côt.	—	Côtelette.

Vol.   signifie ; Volaille.

4 v. ou vb. ou l. —   Quatre portions de vin rouge ou de vin blanc, ou de lait.

3 v.   d°   d°—   Trois portions de vin rouge, ou de vin blanc, ou de lait.

2 v.   d°   d°—   Deux portions de vin rouge, ou de vin blanc, ou de lait.

1 v. -   d°   d°—   Une portion de vin rouge, ou de vin blanc, ou de lait.

49. Pour les médicaments, les mots courts, comme les suivants : lin, riz, lait, miel fer, zinc, son, seltz, sont écrits en entier ; pour les autres, on se contente d'écrire la première syllabe du mot et la consonne ou la voyelle qui la suit, ainsi :

        Pav.   pour Pavot.
        Gent.   — Gentiane.
        Guim. — Guimauve.
        Rat.. — Ratanhia.

Dans quelques cas peu nombreux où cette abréviation ne suffit pas, pour éviter toute équivoque, il faut augmenter un peu le nombre de lettres, par exemple :

        Salsep. pour Salsepareille.
        Pari.   — Pariétaire.
        Barég. — Baréges.
        Antisc. — Antiscorbutique.
        Antisp. — Antispasmodique, etc.

Quant aux substances vénéneuses, on les inscrit en toutes lettres, à moins que leur nom ne soit par trop long ; en tout cas, il faut en écrire assez pour qu'à la lecture on ne puisse conserver aucune incertitude. Ainsi on écrit :

Morphine.	Ciguë.	Protochl. merc.
Strychnine.	Narcéine.	Deutochl. merc.
Vératrine.	Digitaline.	Sulfure pot.
Codéine.	Ricin.	Camph.

Quand le nom d'une substance se compose de deux mots, il faut surtout faire porter l'abréviation sur la partie du nom qui est la moins significative, par exemple :

Noix vomique s'écrit N. Vom., et non Noix V.
— Serpentaire de Virginie s'écrit Serp. V. et non S. Virg.
Gomme adraganthe s'écrit G. Adr. et non Gom. A.

Un certain nombre d'abréviations sont fondamentales, parce qu'elles désignent des choses d'un usage journalier ou très-fréquent, les voici :

A.	Acide.	C.	Carbonate.
Ac.	Acétate.	Cat.	Cataplasme.
Al.	Alcool.	Cér.	Cérat.
Az.	Azotate.	Chl.	Chlorure.
Bⁿ.	Bain.	Coll.	Collyre.
Bᵉ.	Baume.	Cyan.	Cyanure.

Déc.	Décoction.	O.	Orge.
E.	Eau.	Ong.	Onguent.
Emp.	Emplâtre.	Ox.	Oxyde.
Ext.	Extrait.	Péd.	Pédiluve.
Éth.	Éther.	Pil.	Pilule.
Fom.	Fomentation.	Pom.	Pommade.
Fum.	Fumigation.	Pot.	Potion.
Gg.	Gargarisme.	P.	Poudre.
H.	Huile.	Qq.	Quinquina.
H.v.	Huile volatile.	S.	Sel.
Inj.	Injection.	Sir.	Sirop.
Jul.	Julep.	Sulf.	Sulfate.
Lav.	Lavement.	T.	Tisane.
Lin.	Liniment.	V.	Vin.
Lot.	Lotion.	Vinaig.	Vinaigre.
Nit.	Nitrate.		

Les abréviations adoptées pour les substances prises isolément (modèle n° 2) s'appliquent également à ces substances transformées en préparations pharmaceutiques.

IIᵉ SECTION. — RELEVÉS JOURNALIERS DE PRESCRIPTIONS.

§ 1ᵉʳ. RELEVÉ DES ALIMENTS.

50. Le régime alimentaire des malades se compose des aliments dont la nomenclature est indiquée aux modèles nᵒˢ 6 et 7.

51. Les aliments sont de même espèce pour les officiers que pour les sous-officiers et soldats, mais il peut être accordé en plus aux officiers, soit le maximum de la plus forte prescription qui puisse être faite du même aliment léger ou de la même boisson alimentaire, soit, dans le cas de prescription de deux aliments légers ou de deux boissons alimentaires différentes, la moitié pour chaque aliment léger ou boisson alimentaire du maximum de la prescription possible.

52. Les prescriptions des aliments sont faites, conformément au modèle nᵒ 8, par portions ou par multiples de portion.

La portion correspond à la plus petite prescription, et est exprimée par |.

Les multiples de la portion sont : 2 portions, 3 portions, 4 portions, et sont exprimés par 2 — 3 — 4.

Le vin et les autres boissons alimentaires se prescrivent séparément et indépendamment de tout autre aliment; ils peuvent être donnés aux hommes à la diète absolue.

53. La rédaction du relevé des aliments nécessite la connaissance complète du modèle n° 8'; elle exige, en outre, l'emploi d'un certain nombre de signes de convention. Ainsi :

| désigne régime gras avec viande.

p   —   régime gras sans viande.

b   —   régime maigre.

⊥   —   une prescription pour le matin.

⊤   —   une prescription pour le soir.

+   —   une prescription pour toute la journée.

Le vin se traduit par le signe de convention | .

Les potages, les aliments légers et particuliers se prescrivent par 4 ou 2 portions ; ils s'indiquent par le signe | pour 4 portions, et par le signe *b* pour deux portions.

Ces signes se placent sur un relevé préparatoire ainsi conçu :

Pain {
4 _____
3 _____
2 —|_____
1 —*b*_____
1/2 —*p*_____
D. { pot. ou b. _____
{ abs. ou al. lég. _____

Aliments légers et particuliers. {
lég. —*b*—
pom. —|—
bisc. —*b*—
conf. —*b*—
_____
_____

Vin. { 4 / 3 / 2 / 1   Potages. { Pde m / riz g.

 Si la première prescription du cahier de visite est écrite : 2 pour aliments, et 2 v. pour boisson, il faut, sur ce relevé préparatoire, porter dans les colonnes du pain et du vin, en regard de 2, le signe | , et dans la colonne des aliments légers porter en regard de légumes le signe *b*.

 Si la deuxième prescription est la suivante : | Pde m. pom., et | v. pour boisson, il faut sur le relevé porter dans la colonne du pain, en regard de | , le signe *b* ; écrire dans la colonne du vin, en regard de | , le signe | ; porter dans la colonne des aliments légers, en regard de pommes, le signe | , et dans la colonne des potages, en regard de panade maigre, écrire le signe | .

 Si la troisième prescription est la suivante : 1/2 r. g., bisc. conf. et 3 v., il faut sur le relevé écrire dans la colonne du pain, en regard de 1/2, le signe *p* ; dans la colonne du vin, en regard de 3, le signe | ; dans la colonne des aliments légers, en regard de biscuits et de confitures, le signe *b* ; et dans la colonne des potages, en regard de riz au gras, le signe | .

 Il faut continuer de la même manière à relever toutes

les prescriptions portées sur le cahier et à les écrire sur le relevé préparatoire, en tenant bien compte des signes de convention.

Ce travail terminé, on additionne horizontalement toutes les lignes verticales, et on porte le total de chacune d'elles sur l'état imprimé, dit relevé des aliments (*modèle n° 3*).

§ 2. RELEVÉ DES MÉDICAMENTS.

54. Les médicaments inscrits sur le cahier, pendant la visite, sont relevés sur une note ou *relevé préparatoire*, ainsi conçu :

Bols	
Pilules	
Eaux gazeuses	
Gargarismes	
Loochs	

Potions_____	
Solutions_____	
Laits_____	
Sirops_____	
Vins_____	
Extrait de réglisse.	
Huile_____	
Copahu_____	
Liniments_____	
Collyres_____	
Sucs_____	

Poudres	

On place, en regard de chaque espèce de médicaments, autant de barres verticales qu'on trouve le même médicament répété de fois sur le cahier de visite.

Toutes les tisanes sont inscrites sur une liste ainsi préparée :

Liste à tisane, salle , nº.

Limonades

Infusions

Décoctions

Eaux gommeuses

Lavements

En regard de chaque espèce de tisane on place le numéro du lit du malade ; on fait de même pour les lavements.

Ce travail étant terminé, il faut transcrire sur l'état imprimé, dit relevé des médicaments (*modèle n° 3*), en suivant l'ordre prescrit d'après les indications du pharmacien en chef et sans aucune abréviation, d'abord les tisanes, puis tous les médicaments ; on porte dans la colonne du matin le total de chaque espèce de tisane et de médicaments ; la colonne du soir est réservée à l'inscription des tisanes et des médicaments prescrits dans l'intervalle des visites.

DEUXIÈME PARTIE.

PANSEMENTS.

DES APPAREILS A PANSEMENTS ; COMPOSITION ; ENTRETIEN.

55. Les pansements consistent dans l'application méthodique d'un topique ou d'un appareil sur une partie blessée ou malade de la surface du corps.

Ils remplissent un assez grand nombre d'indications; ils mettent les plaies à l'abri du contact de l'air et des corps qui pourraient les froisser et les déchirer; ils servent à absorber le pus, à prévenir les souillures de la matière purulente sur le lit et les vêtements du malade, et à appliquer sur les parties saines ou malades des médicaments externes dans un but thérapeutique. — Leur importance est très-grande; on ne saurait y apporter trop de soins, d'assiduité et d'intelligence.

Les objets nécessaires aux pansements sont contènus dans des boîtes portatives, nommées appareils, qui ont la forme d'un carré long, divisé en plusieurs compartiments destinés à recevoir le linge à pansements et les topiques.

Les appareils sont munis d'un couvercle portant une note indicative des pièces de linge entrant dans leur composition; ils renferment, en outre, des fioles de verre bouchées, étiquetées, et des pots à cérat, pommade et onguent, qui doivent toujours être tenus dans un parfait état de propreté.

Ces appareils sont garnis d'un assortiment de topiques, de charpie et de linge de toute nature, approprié aux besoins des divers services. — La composition en linge de chacun d'eux, arrêtée par le médecin en chef, se rapproche en général de celle indiquée par le modèle n° 9.

Les appareils doivent tous les jours être recomplétés; les topiques sont délivrés, soit à la chambre des appareils, soit à la pharmacie, sur des bons particuliers signés par les

médecins traitants; le linge se renouvelle suivant la forme
indiquée à l'article **37**.

Pour la préparation, comme pour l'exécution des pansements, chaque infirmier de visite est muni d'une paire de
ciseaux droits, d'un rasoir, d'une pince à pansements et
d'une spatule.

Les ciseaux droits sont d'un usage continuel; ils servent
à couper les différentes pièces de linge dont on fait usage
dans les pansements.

Le rasoir sert à couper les cheveux et les poils au raz
des plaies et sur tous les points où l'on veut pratiquer une
opération ou appliquer un topique.

La pince à pansement est spécialement destinée à enlever les pièces de linge souillées par le pus ou le sang, et à
porter sur les plaies des boulettes de charpie, afin de les
nettoyer. — On la tient comme les ciseaux.

La spatule a pour principal usage d'étendre certains topiques sur les linges à pansements.

PRÉPARATION DES PIÈCES DE PANSEMENT.

56. Les linges qui servent aux pansements sont de toile
de chanvre ou de lin, et même de coton, demi-usés et
blancs de lessive; dans les hôpitaux militaires, ils sont
préparés, à l'exception de la charpie, au fur et à mesure
des besoins, par les soins de l'administration, en bandes-
spica, bandes ordinaires, bandages de toute espèce, compresses de diverses dimensions et paquets de lambeaux.

Ces pièces confectionnées reçoivent l'empreinte de la marque de l'hôpital, aux quatre angles pour les compresses, et aux deux extrémités pour les bandes et bandages, afin qu'on puisse s'assurer que, dans aucun cas, les pièces de linge à pansements n'ont été coupées ni déchirées.

CHARPIE.

57. La charpie est un assemblage de filaments ou une sorte de duvet retirés du linge; de là, deux espèces de charpie : la *charpie brute* et la *charpie râpée*.

1° *Charpie brute.* — Elle se prépare avec des morceaux carrés de toile de chanvre ou de lin, de trois à quatre travers de doigt pour avoir de la *charpie de moyenne longueur;* de même largeur, et d'une longueur double et plus, si l'on veut obtenir de la *charpie longue;* de deux travers de doigt, en tous sens, pour la *charpie courte.* Ces carrés doivent être déchirés plutôt que coupés. — On fixe la pièce de linge à convertir en charpie avec la main gauche, puis on l'effile brin à brin avec le pouce et l'index de la main droite. — On obtient ainsi une matière blanche, spongieuse, souple, douce au toucher, élastique et inodore, qu'on conserve dans des caisses bien closes, et placées dans un local sec et bien aéré. — Elle a de nombreux usages dans les pansements; elle sert à appliquer des médicaments sur des surfaces malades, à absorber le pus sécrété par les plaies ; enfin, elle peut être un moyen de remplissage, qui rend la pression des autres pièces d'appareil plus douce et plus uniforme.

2° *Charpie râpée.* — La charpie râpée se présente sous la forme d'un duvet floconneux; elle se prépare en grattant avec un couteau un linge convenablement tendu.

On emploie la charpie sous la forme de plumasseaux, de gâteaux, de boulettes, de bourdonnets, de mèches et de tentes.

PLUMASSEAUX.

58. Le plumasseau est un assemblage de plusieurs couches superposées de charpie de moyenne longueur, dont les filaments sont à peu près parallèles ou légèrement entre-croisés et adhérents tous les uns aux autres.

Son épaisseur, quoique variable, est toujours peu considérable; sa grandeur est en rapport avec l'étendue de la plaie, qu'il doit toujours dépasser sur toute sa circonférence. — Il est appliqué sur une plaie, tantôt à sec, tantôt recouvert de corps gras, ou imbibé de liquides.

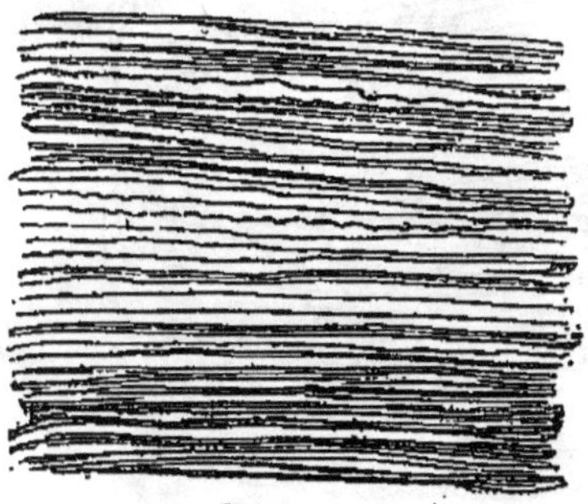

Fig. 1. 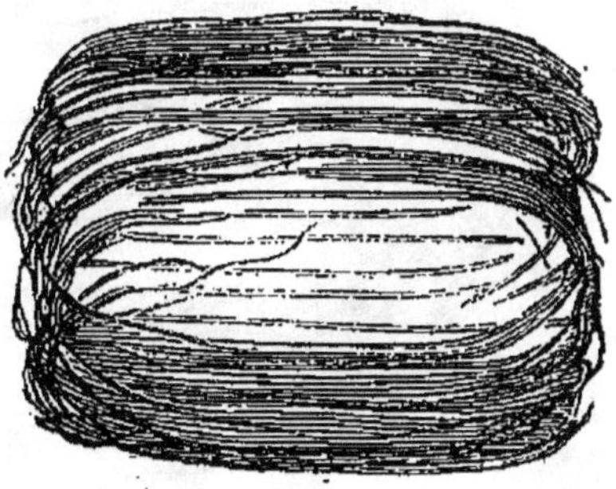   Fig. 2

Pour faire un plumasseau, on prend de la charpie brute
de moyenne longueur dans la main droite, on la présente à
la main gauche, dont le pouce et l'index saisissent tous les
brins qui dépassent, et ainsi de suite, jusqu'à ce que le
volume à donner au plumasseau soit atteint ; les filaments
qui dépassent chaque bord du plumasseau sont ébarbés
avec les ciseaux (*fig.* 1), ou mieux, repliés sur la face du
plumasseau qui ne doit pas être appliquée sur la plaie
(*fig.* 2).

GATEAUX.

59. Le gâteau de charpie (*fig.* 3) est un très-grand
plumasseau que l'on prépare sur une table ou la planchette
à pansements avec de la charpie longue dont on imbrique
tous les filaments dans le même sens, pour lui donner de
la solidité.

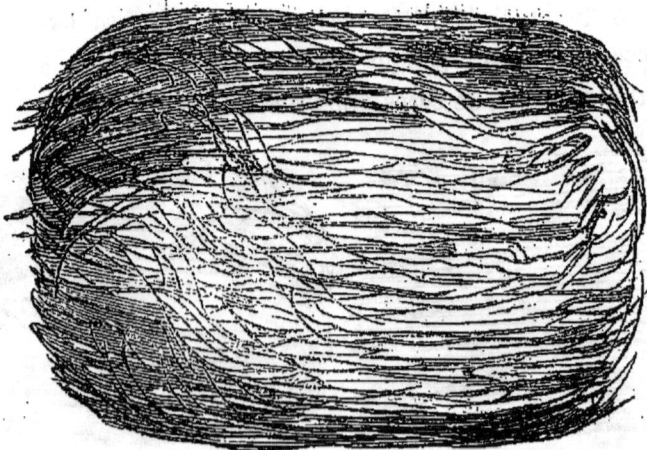

Fig. 3.

BOULETTES.

60. Les boulettes sont de petites masses de charpie qu'on roule dans la paume de la main, pour leur donner la forme soit d'une noisette, soit d'une petite noix. On les serre mollement si elles doivent servir à absorber les liquides; on les serre fortement si on les destine à établir un certain degré de compression.

BOURDONNETS.

61. Le bourdonnet n'est qu'un petit plumasseau de charpie roulé légèrement en ·forme d'olive ou de datte. On étreint le plus ordinairement sa partie moyenne à l'aide d'un fil dont on laisse pendre les bouts, pour le retirer avec plus de facilité des cavités où on l'a engagé (*fig.* 4).

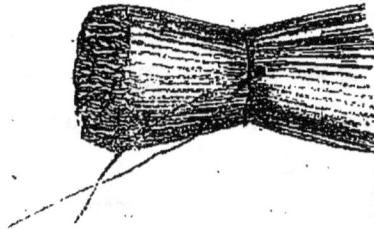

Fig. 4.

MÈCHES ET TENTES.

62. La mèche (*fig.* 5) est un petit faisceau de charpie longue dont les filaments parallèles sont le plus souvent maintenus réunis par un fil à leur milieu, et pliés en ce point.

Fig. 5.

La tente (*fig.* 6) n'en diffère qu'en ce qu'elle est plus grosse et formée d'un plus grand nombre de fils. — On donne encore ce nom à un bourdonnet noué et roulé de manière à présenter une forme arrondie et dure.

Fig. 6.

COTON.

63. La difficulté de se procurer facilement de la charpie dans toutes les circonstances et le prix toujours élevé de cette matière ont fait songer au moyen de la remplacer par le coton. On l'emploie sous forme de coton cardé, de ouate et de coton filé. Il remplace alors avantageusement la charpie; pourvu qu'on emploie un linge fenestré enduit de cérat et d'huile.

Le coton peut remplacer avec avantage la charpie comme moyen de remplissage ; il peut encore la remplacer sous formes de mèche, mais dans tous les autres cas, il ne peut lui être substitué, parce qu'il irrite les plaies, y développe des croûtes qui forment obstacle à l'écoulement du pus et n'absorbe point les liquides qu'elles sécrètent.

ÉTOUPE.

64. On a aussi proposé d'employer, en place de charpie,

l'étoupe blanchie au chlore ; mais ce moyen n'a pas répondu à l'attente de son auteur.

On s'est encore servi, dans les moments difficiles, de bourre de soie, de duvet, de mousse, d'herbe sèche ; mais toutes ces matières ne remplacent jamais parfaitement la charpie, bien qu'elles soient de précieuses ressources dans les circonstances graves de la pratique des chirurgiens d'armée.

COMPRESSES.

65. Les compresses sont des pièces de linge destinées à recouvrir les plaies et surtout à maintenir les premières pièces d'appareil.

Elles sont faites avec de la toile de chanvre, ou de lin, ou de coton ; elles doivent être sans aucune couture et coupées à droit fil dans du linge demi-usé et blanc de lessive.

On les distingue, suivant leur forme, en compresses ordinaires, carrées, longuettes, fenestrées, graduées et en croix de Malte.

La compresse carrée est formée d'une pièce de linge simple ou pliée en deux, ayant ses quatre côtés égaux.

La compresse ordinaire a la forme d'un carré long.

La compresse longuette présente beaucoup plus de longueur que de largeur ; elle s'obtient en pliant une ou plusieurs fois la compresse ordinaire dans le sens de sa longueur.

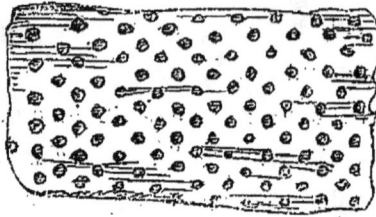

Fig. 7.

La compresse fenestrée offre des ouvertures ou fenêtres qui ont été pratiquées avec un emporte-pièce ou avec des ciseaux, après avoir fait un pli selon la longueur ou la largeur de la compresse (*fig.* 7).

Les compresses graduées (*fig.* 8) se composent de plusieurs plis superposés, tantôt ayant tous une égale largeur, d'autres fois allant successivement en diminuant ; les premières portent le nom de compresses graduées *régulières* (*fig.* 8,

3

2

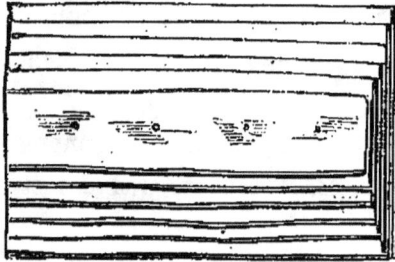

1

Fig. 8.

nº 1), les autres de graduées *prismatiques (fig. 8, nº* 2 et 3). On a le soin de fixer les plis, soit en les mouillant, soit en y faisant une couture récurrente à grands et petits points.

La compresse en croix de Malte est une compresse carrée que l'on a pliée en quatre et fendue profondément sur les quatre angles réunis (*fig. 9*).

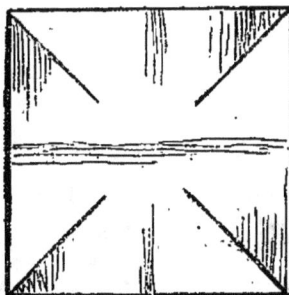

Fig 9.

Les dimensions des compresses doivent varier suivant les parties à recouvrir et le but à atteindre. On trouve dans les magasins des hôpitaux militaires des compresses de :

75 centim. de long sur 40 centim. de large (grandes compresses),

55 centim. de long sur 30 centim. de large (moyennes compresses),

45 centim. de long sur 20 centim. de large (petites compresses),

avec des paquets de lambeaux résultant de la confection des compresses.

Les compresses sont employées sèches ou mouillées ou recouvertes d'un médicament. — Leur application doit avoir lieu sans qu'il en résulte de plis ou de godets. — S'il est nécessaire d'en appliquer plusieurs, elles doivent se recouvrir en partie et se soutenir mutuellement ; c'est par la plus éloignée du centre du corps qu'il faut commencer.

BANDES.

66. Les bandes sont des pièces de linge beaucoup plus longues que larges, destinées à maintenir les autres pièces d'appareil et à exercer sur elles une certaine pression.

Les magasins des hôpitaux militaires renferment des bandes spica de 4 à 5 mètres de long sur 8 centimètres et demi de large ; des bandes moyennes de 3 mètres de long sur 7, 6 et 5 centimètres de large, et des bandes petites sans dimensions déterminées. — Ils les reçoivent du magasin central, qui les confectionne au moyen d'une machine à découper, avec de la toile neuve fabriquée exprès.

Les bandes offrent deux extrémités que l'on nomme chefs : l'un dit *initial*, par lequel on commence l'application de la bande, l'autre dit *terminal* ; la portion intermédiaire s'appelle *plein* ou corps de la bande. — Elles sont, en raison de leur longueur et pour en rendre l'application plus facile, roulées sur elles-mêmes en un ou plusieurs cylindres ; chaque cylindre obtenu s'appelle globe ; de là, des bandes à un globe et à deux globes. — Le côté

du plein, qui regarde le centre du globe, reçoit le nom de
face interne; l'autre côté prend, par opposition, le nom de
face externe.

BANDELETTES DÉCOUPÉES ET EFFILÉES POUR SÉTON.

Fig. 10.

67. La bandelette (*fig.* 10) découpée est une bande large
d'un travers de doigt, d'une longueur variable, découpée
sur un de ses bords de fentes obliques ou transversales
étendues jusqu'au milieu de sa largeur. — On enduit une
de ses faces de cérat, que l'on applique sur la circonférence d'une plaie en tournant en dehors le bord découpé.

La bandelette effilée pour séton est une longue bande,
large d'un demi à un travers de doigt, effilée sur ses
bords, et faite d'un linge usé et fin (*fig.* 11).

Fig. 11.

LIENS. — LACS.

68. On donne le nom de *liens* aux pièces d'appareil
destinées à fixer les différentes pièces de pansement ou à

3.

immobiliser certaines parties du corps. On se sert de liens divers : tantôt c'est un drap plié en cravate ou tordu, une nappe, une serviette, un mouchoir, une bande, une corde ou un fil.

Le lien converti en anneau porte le nom de *lacs*. On donne encore ce nom à tout lien destiné à embrasser un organe pour exercer sur lui une traction ou lui opposer une résistance plus ou moins forte.

COUSSINS.

69. Les coussins sont des sacs de toile remplis aux trois quarts ou aux deux tiers de balles d'avoine, quelquefois de son, plus rarement de laine ou de crin. Leur largeur est de 8 centimètres environ ; leur longueur varie selon le membre sur lequel ils doivent être appliqués.

Il est d'autres coussins, beaucoup plus épais et plus larges, que l'on place au-dessous des membres pour les tenir élevés, ou dont on fait des plans inclinés ; ils sont établis de la même manière et n'en diffèrent que par le volume.

ATTELLES.

70. Les attelles sont des corps minces, étroits, de longueur variable ; elles sont en bois, en carton, en fer-blanc, en gutta-percha (*fig.* 12, 13, 14 et 15). — Elles servent spécialement à tenir immobiles des os fracturés. — En

campagne on se sert souvent d'une attelle
dite fanon (*fig.* 16); elle est faite avec un
bâton flexible garni de paille fixée autour de
cette baguette par une ficelle qui l'entoure
en spirale d'un bout à l'autre.

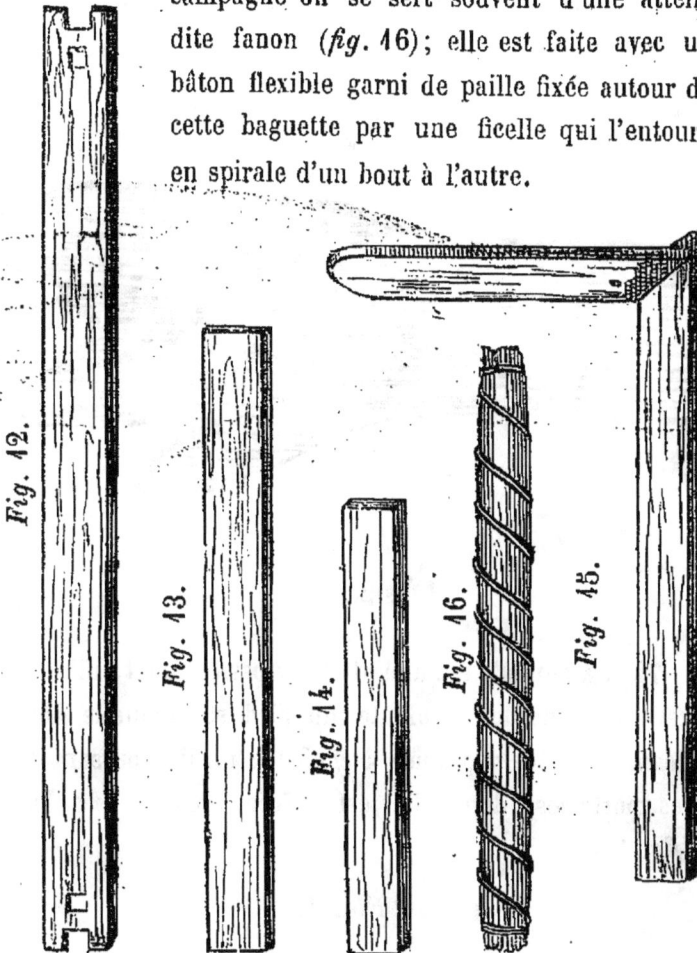

Fig. 12.

Fig. 13.

Fig. 14.

Fig. 16.

Fig. 15.

PALETTE.

74. La palette est une attelle en bois un peu large, découpée grossièrement, tantôt suivant la forme de la main

et du pouce, tantôt suivant la forme de la main et de tous les doigts (*fig.* 17).

Fig. 17.

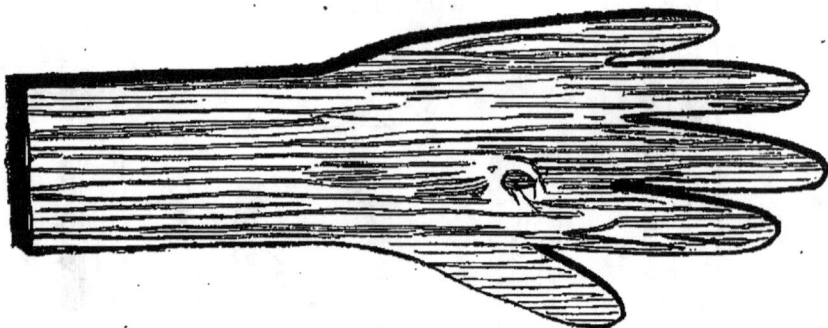

SEMELLE.

72. La semelle est une attelle grossièrement taillée, suivant la forme de la plante du pied sur laquelle elle est destinée à être appliquée à l'aide d'un lien passant dans les mortaises, dont elle est percée près de ses bords (*fig.* 18).

Fig. 18

GOUTTIÈRES.

Fig. 49.

73. Les gouttières sont
des attelles en bois, en
fer-blanc, en cuivre, en
fil de fer, auxquelles on
a donné la forme d'une
gouttière. — Les meil-
leures sont celles en fil
de fer; elles sont ingé-
nieuses, très-légères;
aussi ce sont presque
les seules qui soient en
usage aujourd'hui; elles
constituent une espèce
de treillis à mailles assez
larges et qui peut, en se
recourbant comme une
selle, recouvrir et em-
boîter le devant et les
côtés d'un membre et
l'appuyer solidement
(*fig.* 49).

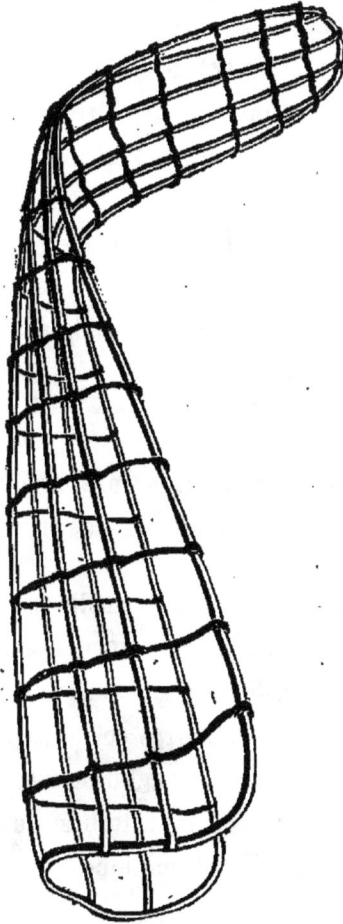

OBJETS ACCESSOIRES DE PANSEMENT.

74. Les objets accessoires de pansement sont :
1° Les *alèzes* ou draps pliés en plusieurs doubles pour

garantir le lit ou les vêtements du malade du contact du pus, du sang et d'autres matières ;

2° Les *bassins* ou vases de différentes dimensions, vidés ou contenant de l'eau chaude et froide ;

3° Le panier propre à recevoir les pièces d'appareil qui, en raison de leurs souillures, ne peuvent plus être réappliquées ;

4° Les éponges destinées à laver les plaies ;

5° Enfin des cerceaux en fer ou en bois pour soustraire les parties malades au poids des couvertures.

MODES D'APPLICATION DES SUBSTANCES MÉDICAMENTEUSES JOURNELLEMENT EMPLOYÉES DANS LES PANSEMENTS.

75. Les substances médicamenteuses journellement employées dans les pansements sont les cérats, les pommades épispastique et mercurielle, les onguents styrax et basilicum, les emplâtres épispastiques, de Vigo et de diachylon, la percaline agglutinative, la glycérine, l'acétate de plomb liquide, le chlorure de chaux, l'eau-de-vie camphrée, le vin aromatique, la teinture d'iode et le collodion.

Cérats.

76. Les cérats sont des médicaments externes de consistance molle ; ils sont simples lorsqu'ils ne sont formés

que de cire, d'huile et d'eau ; composés, lorsqu'au cérat simple on ajoute divers médicaments.

Les cérats simples ou composés s'emploient de la même manière : on les étale en couche très-mince sur un linge fenestré ou sur une bandelette découpée, ou sur des plumasseaux ou sur des compresses.

Le pansement avec le cérat simple constitue le pansement *simple* ou *à plat*; pour l'exécuter, on enduit un linge fenestré d'une couche mince de cérat, on l'applique sur la plaie, un plumasseau le recouvre, une compresse est posée sur la charpie, et tout l'appareil est fixé par un bandage approprié.

Le cérat composé s'applique d'après les mêmes règles ; mais il est de préférence étalé sur des plumasseaux.

Pommades épispastique et mercurielle.

77. Les pommades sont des graisses rendues médicamenteuses par l'addition de substances plus ou moins actives.

La *pommade épispastique* a pour principe actif les cantharides ; elle sert à exciter les vésicatoires ; on l'étend en couche mince sur un linge fin, qu'on applique sur la plaie.

La *pommade mercurielle* est appliquée quelquefois sur des compresses ou sur des plumasseaux ; mais le plus souvent on s'en sert en frictions ou en onctions, qu'on pratique à l'aide d'un tampon de linge recouvert de ce médicament.

Onguents styrax et basilicum.

78. Les onguents sont formés de matières grasses et de substances résineuses. — Ils sont d'une consistance plus grande que les pommades : aussi sont-ils plus difficilement étalés sur les pièces de linge.

Les onguents styrax et basilicum servent à activer la suppuration des plaies. Pour les employer, on en place une couche plus ou moins épaisse sur un linge fenestré ou sur un plumasseau, qui est appliqué sur la plaie.

Emplâtres épispastique, de Vigo et de diachylon,
percaline adhésive.

79. Les emplâtres sont des médicaments plus solides que les onguents ; ils se ramollissent assez par la chaleur du corps humain pour y adhérer. — Ils sont roulés en forme de cylindres plus ou moins volumineux, connus en pharmacie sous le nom de *magdaléons.*

L'emplâtre, quel qu'il soit, est appliqué sur les téguments avec des précautions et un appareil qui varient suivant la nature du médicament et le but auquel on veut le faire servir. — Toutefois on ne doit jamais appliquer un emplâtre que sur la peau rasée.

L'*emplâtre épispastique* étant peu consistant, on détache avec la spatule un fragment de cette matière emplastique, d'un volume proportionné à la grandeur de l'emplâtre que l'on veut obtenir. — On le place au centre d'un morceau de sparadrap diachylon ou de forte toile taillée d'avance dans les dimensions que l'on veut donner à l'emplâtre, et, le comprimant avec les pouces de chaque main, on l'aplatit et on l'étale en couche mince, de manière à ce qu'il couvre presque en entier le tissu sur lequel on l'applique.

Les emplâtres de Vigo et de diachylon sont très-durs : aussi faut-il les ramollir dans l'eau chaude avant de pouvoir les étaler sur une pièce de linge, comme le précédent. — Ils sont plus souvent employés à l'état de *sparadrap ;* on désigne par ce mot des bandes de toile de chanvre, de lin, de coton, dont une ou les deux surfaces sont enduites de matière emplastique. — Les sparadraps de Vigo et d'emplâtre diachylon gommé sont employés en morceaux de formes diverses ou découpés en bandelettes de 1 à 2 centimètres de largeur et d'une longueur proportionnée au volume de la partie que l'on doit couvrir. — Pour les employer, il suffit le plus souvent de les appliquer sur la peau sans aucune préparation ; mais il est quelquefois nécessaire de les chauffer.

La *percaline agglutinative* ou sparadrap à l'ichthyocolle s'emploie aussi en morceaux et en bandelettes qu'il faut tremper dans l'eau à 50° avant de les appliquer sur la partie malade.

Glycérine.

80. La glycérine a l'aspect d'un sirop épais, incolore, inodore, d'une saveur très-douce.

Elle peut être substituée au cérat pour les pansements simples ; il suffit d'en imbiber la compresse fenestrée ou le plumasseau.

Acétate de plomb liquide.

81. L'acétate de plomb liquide est un médicament externe incolore, inodore, d'une saveur un peu sucrée. — Il s'emploie rarement pur. Mélangé à l'eau dans la proportion de 16 grammes pour un litre, il constitue l'eau végéto-minérale ou eau de Goulard, fréquemment prescrite en injections, lotions et fomentations.

Chlorure de chaux.

82. Le chlorure de chaux est sec ou dissous dans l'eau ; sec, il est blanc, amorphe, pulvérulent ; dissous dans l'eau, il est incolore ; tous les deux doivent être renfermés dans des flacons bien bouchés ; ils développent une odeur de chlore, et ont une action spéciale désinfectante.

Ils servent le plus souvent à détruire les émanations infectes des plaies. Le chlorure de chaux sec s'emploie de la manière suivante : on en met dans un vase plat et on le délaie avec de l'eau, sous la forme d'une bouillie claire, que l'on dispose autour du lit du malade. — Le chlorure de chaux liquide sert à imprégner les plumasseaux ou à arroser les pièces de linge du pansement ou à être injecté dans les cavités naturelles ou accidentelles.

Eau-de-vie camphrée.

83. L'eau-de-vie camphrée est un médicament externe

liquide ; on en imbibe des compresses qu'on applique sur la partie malade ; mais le plus souvent elle est employée en frictions.

Vin aromatique.

84. Le vin aromatique est un topique liquide dans lequel on trempe les plumasseaux ou les compresses qu'on applique sur les plaies ; il est aussi quelquefois employé en injections.

Teinture d'iode.

85. La teinture est un médicament externe liquide qui s'emploie dans une foule de circonstances et à des degrés divers de concentration, c'est-à-dire étendue d'eau en proportions variables. — Quand on l'emploie pure, on l'étend sur les parties malades avec un pinceau de charpie trempé dans la liqueur ; étendue d'eau, on l'applique en lotions, ou en fomentations ou en injections.

Collodion.

86. Le collodion est un topique d'un blanc jaunâtre, de consistance sirupeuse, insoluble dans l'eau.

Il peut être employé seul sur des plaies peu étendues, dont on rapproche les lèvres recouvertes de cette substance, jusqu'à ce que le collodion soit desséché. — Plus souvent, on trempe dans ce liquide une ou plusieurs bandelettes de linge que l'on applique sur la plaie, dont les bords sont tenus rapprochés, mais très-rapidement, afin que la dessiccation ne s'opère pas avant l'application. — Pour enlever cet appareil, il faut mouiller les bandelettes avec de l'éther.

RÈGLES GÉNÉRALES DES PANSEMENTS.

87. Les pansements doivent être exécutés avec douceur, promptitude, sûreté et propreté, sans toutefois que cette rapidité puisse être préjudiciable au malade.

Avant de commencer un pansement, il faut préparer toutes les pièces d'appareil qu'il nécessite, les disposer dans leur ordre d'application sur la planchette à pansements, avoir à sa portée les instruments qui doivent servir, de l'eau chaude et froide dans des bassins garnis d'éponges, des alèzes et le panier au linge sale.

Ces préparatifs terminés, on place une ou plusieurs alèzes au-dessous de la plaie, pour garantir le lit ou les vêtements du malade, et on donne à cette partie la position la moins fatigante pour le blessé et la plus favorable pour l'exécution du pansement; on rase ensuite, s'il en est besoin, la partie malade, qu'on lave avec soin, au moyen d'eau ordinaire ou émolliente. — Les pièces d'appareil sont alors appliquées dans l'ordre suivant : linge fenestré, charpie, compresses, bandes ou bandages appropriés. — Le pansement terminé, on enlève l'alèze; la partie est placée dans la position la plus avantageuse pour accélérer la guérison, épargner le malaise et même les douleurs au

malade; et si le poids des couvertures ne peut être sup-
porté, on les maintient soulevées à l'aide d'un cerceau.

Le renouvellement du pansement exige les mêmes préparatifs que la première application; puis, s'il est nécessaire, on humecte d'eau tiède les pièces d'appareil qui
adhèrent, soit entre elles, soit avec la plaie; on détache
avec précaution et successivement chacune de ces pièces ;
on redouble de soin pour les dernières pièces, qui sont,
s'il le faut, humectées de nouveau; et, si l'on ne peut les
enlever sans faire souffrir le malade ou nuire à la plaie, on
les coupe le plus possible avec des ciseaux, et on attend
qu'elles se détachent d'elles-mêmes aux pansements suivants. — Toutes les pièces qui, en raison de leur souil-
lure, ne peuvent plus être utilisées, sont jetées dans le
panier au linge sale, et jamais sur le lit ni à terre; les
autres sont conservées pour être réappliquées; la plaie est
nettoyée avec soin, soit avec une éponge fine, soit au
moyen de boulettes de charpie; à l'aide des bords mous-
ses de la spatule, qui agissent comme un grattoir, on enlève les croûtes qui se rencontrent si souvent au pourtour
de la plaie; la partie est de nouveau rasée, s'il est utile,
et recouverte provisoirement d'une compresse fine si le
pansement ne peut être exécuté sur-le-champ, ou bien immédiatement des pièces du nouveau pansement. — Si les
plaies sont étendues ou s'il en existe plusieurs, on doit les
découvrir et les panser partiellement, pour éviter le contact prolongé de l'air.

En général, les pansements sont renouvelés toutes les vingt-quatre heures ; il est cependant nécessaire dans certaines circonstances de faire des pansements plus fréquents. Ainsi, les plaies qui fournissent une suppuration très-abondante peuvent réclamer en vingt-quatre heures deux ou trois pansements; par contre, on peut laisser quelquefois un pansement appliqué, sans le renouveler, pendant deux, trois, quatre, cinq jours et plus, en se conformant à la prescription du médecin traitant.

CATAPLASMES.

Préparation, application.

88. Les cataplasmes sont des médicaments externes d'une consistance molle, pulpeuse, qu'on applique sur les différentes parties du corps. — Lorsqu'ils sont faits avec la mie de pain, les farines de céréales, de graine de lin, la poudre de feuilles de mauve, de guimauve, qu'on fait cuire dans l'eau ou des décoctions mucilagineuses, ils prennent le nom de cataplasmes *émollients* ou simples. — Les cataplasmes composés sont le plus souvent des cataplasmes simples, auxquels on ajoute différentes substances plus actives, telles que poudres, solutions médicamenteuses, etc.

On emploie les cataplasmes de deux manières : à nu ou entre deux linges.

Le cataplasme à nu se prépare de la manière suivante : on choisit une pièce de linge un peu plus grande que le

cataplasme dont on a besoin ; la pâte, en quantité suffisante, est placée au centre de cette compresse, étalée sur
une table ou sur la planchette à pansements ; on replie un
des côtés de la compresse sur la pâte, on presse sur le
bord replié avec la paume de la main, et on le fait glisser
de manière à effacer le pli ; on en fait autant pour les trois
autres bords. La pâte, régulièrement étendue, forme alors
une couche uniforme, qui doit avoir 2 centimètres d'épaisseur environ ; il ne reste plus, pour terminer, qu'à relever
chaque bord dans l'étendue d'un ou de deux travers de
doigt et le faire adhérer à la pâte, à laquelle un encadre-
ment régulier est ainsi tout formé.

Quant au cataplasme entre deux linges, il suffit, pour le
préparer, de recouvrir le cataplasme à nu d'un linge fin ou
mieux d'une mousseline ou d'une gaze très-claire.

Pour appliquer un cataplasme à nu, il faut le prendre par
ses deux bords opposés, le tenir horizontalement et l'étendre promptement, sans le traîner, sur la région que l'on
veut couvrir.

Lorsque le cataplasme est très-grand, on glisse par-dessous les deux mains étendues, on applique sur la partie un
des bords, que l'on maintient fixé par une main, tandis
que l'autre recule peu à peu vers l'extrémité opposée. —
Il ne faut jamais le replier sur lui-même, car la pâte se
sépare inégalement lorsqu'on déploie le cataplasme. — On
fixe les cataplasmes par des bandages ou quelques tours
de bandes faiblement serrés.

L'application du cataplasme entre deux linges est beaucoup plus facile; car, n'ayant pas à craindre que la pâte ne
vienne à se coller, on peut le plier sur lui-même. — De
quelque manière qu'on l'emploie, il faut toujours avoir le
soin de ne l'appliquer que quand on s'est assuré qu'il est à
une bonne température, ni trop chaud ni trop froid.

Le cataplasme se lève en le saisissant par un de ses
bords, et en le soulevant doucement sans le renverser. —
Si l'on voulait le rouler sur lui-même ou le ramasser par
sa face externe, une partie de sa pâte resterait sur la place
où on l'aurait appliqué; dans tous les cas, si cet accident
survenait, il faudrait, avec la spatule, enlever le reste du
cataplasme.

FOMENTATIONS.

89. Les fomentations sont des applications sèches ou
humides sur les parties malades, soit pour les réchauffer,
soit pour les maintenir à une température constante.

Les fomentations sèches sont faites uniquement dans le
but de réchauffer une partie; elles se pratiquent au moyen
de serviettes, de flanelle fortement chauffées, d'un fer à
repasser chaud, d'une brique chaude et enveloppée de
linge, de sachets de sable chauffé, de boules d'étain dites
moines, ou de bouteilles de grès remplies d'eau chaude.

Les fomentations humides se pratiquent de la façon suivante : de la flanelle, de la laine ou des compresses sont
trempées, selon la prescription médicale, dans de l'eau

chaude, tiède ou froide, chargée ou non de principes médicamenteux. Avant de faire cette application, il faut garnir la partie correspondante du lit d'une alèze qui l'empêche d'être mouillée, puis l'étoffe est exprimée fortement, étendue exactement sur la région à fomenter et recouverte d'une toile cirée. — Des imbibitions, répétées en temps opportun, maintiennent l'étoffe au degré d'humidité et de température indiqué.

SINAPISMES.

90. On donne le nom de sinapismes aux cataplasmes de farine de moutarde ; on les prépare en délayant la farine de moutarde avec de l'eau froide ou chauffée au plus à 35 degrés, de façon à obtenir une pâte qu'on étale sur une compresse, comme pour le cataplasme à nu. — Les sinapismes doivent rester appliqués pendant 15 à 20 minutes au plus ; si on les laissait plus longtemps, des ampoules et même la mortification de la peau en pourraient être la suite. — Quand ils doivent être promenés sur les membres, il faut ne les laisser que 8 à 10 minutes seulement à chaque station. On peut aussi appliquer les sinapismes entre deux linges ; il faut alors les laisser plus longtemps, mais ils sont plus faciles à enlever.

Après avoir enlevé les sinapismes, on lave la place qu'ils ont occupée avec de l'eau tiède et on l'essuie avec un linge sec ; si l'irritation est trop vive, on y applique une compresse enduite de cérat ou une feuille d'ouate.

4

Au lieu de sinapismes purs on emploie quelquefois des cataplasmes ordinaires, saupoudrés de farine de moutarde, qu'on appelle, pour cette raison, cataplasmes sinapisés ; on les laisse appliqués beaucoup plus longtemps que les sinapismes ; il faut néanmoins les surveiller.

ONCTIONS. — EMBROCATIONS.

91. Les *onctions* consistent à étaler avec douceur et précaution, sur une partie malade, une couche plus ou moins épaisse d'un médicament externe, généralement d'une pommade.

Les *embrocations* ont pour but d'étendre sur une grande surface du corps une substance médicamenteuse ; c'est ordinairement un liquide qui imbibe une éponge, ou une flanelle, ou une compresse, et qui est ensuite exprimé avec la main au-dessus de la partie, puis étendu doucement et recouvert de la pièce de linge qui a servi à l'arrosement.

FRICTIONS.

92. Les frictions sont des frottements plus ou moins répétés et plus ou moins rudes, sur un des points du corps ; elles sont sèches ou humides.

Les frictions *sèches* se pratiquent avec la main nue ou garnie d'une compresse, d'une flanelle, d'un gant en crin, d'une brosse en flanelle. — L'action doit consister plutôt dans la vitesse des mouvements que dans l'intensité de la pression; elle détermine de la chaleur, un très-léger sentiment de cuisson, et donne à la peau une nuance rosée.

Les frictions *humides* se font surtout avec des liquides onctueux nommés liniments; elles ont le plus souvent pour but de faire absorber les substances médicamenteuses : aussi, avant de les commencer, on doit toujours laver la région de la peau sur laquelle on se propose de les exercer. — Il faut frictionner pendant un temps assez long (10 minutes environ); si l'on redoute pour soi l'absorption de la substance active, on protége la main qui fait la friction d'un morceau de flanelle ou de taffetas ciré. — Après la friction, la partie sur laquelle elle a été faite ne doit point être lavée; il convient au contraire, en général, d'y laisser séjourner la substance médicamenteuse, afin qu'elle continue d'être absorbée, et de réserver le nettoyage pour le commencement de la friction suivante. Cette partie doit, en outre, être ordinairement recouverte de la pièce de linge qui a servi à la friction et que l'on maintient par un bandage approprié, afin d'empêcher que des frottements n'enlèvent la portion de médicaments laissée sur la peau.

GARGARISMES.

93. Les gargarismes sont des médicaments externes liquides, destinés spécialement aux maladies de la bouche et de la gorge.

On s'en sert de la manière suivante : versez dans la bouche une petite quantité de liquide, et renversez la tête en arrière sans avaler le médicament ; puis chassez lentement l'air qu'une longue inspiration avait renfermé dans la poitrine ; le liquide est alors agité de légères secousses qui déterminent un bruit particulier de glou-glou et baigne ainsi la gorge.

Pour se gargariser la bouche, on ferme les lèvres ; puis on imprime au liquide des mouvements de va-et-vient. — Souvent il vaut mieux laisser le liquide en contact et prendre un bain de bouche.

Les gargarismes se composent en général de 200 à 250 grammes de liquide, qui doivent servir à répéter la même manœuvre six à huit fois dans les 24 heures.

COLLYRES.

94. Les collyres sont des médicaments externes spécialement employés pour le traitement des maladies des yeux. Ils sont employés à l'état pulvérulent, à l'état liquide ou à l'état de vapeur.

Les collyres pulvérulents ou secs sont des poudres d'une grande ténuité qu'on introduit entre les paupières par insufflation. A cet effet, on introduit le médicament dans un tuyau de plume, de paille, ou de tout autre tube creux, ou dans la gouttière que fait un morceau de fort papier plié en deux ; on écarte avec les doigts de la main gauche les paupières, puis on souffle, légèrement et par un coup sec, cette poudre sur l'œil malade.

Les collyres liquides servent, suivant les prescriptions du médecin, à laver les bords des paupières, à donner à l'œil des bains locaux dans un petit vase de forme particulière appelé œillère, à placer sur les yeux une ou plusieurs compresses imbibées de liquide qu'on renouvelle souvent, ou enfin on en instille, plusieurs fois dans les 24 heures, quelques gouttes entre les paupières. — Pour pratiquer une instillation, le malade peut être couché ou assis; on lui renverse fortement la tête en arrière, on lui écarte les paupières et l'on fait tomber quelques gouttes du collyre sur l'œil, un des doigts étant appliqué sur l'ouverture de la fiole et empêchant le liquide de s'échapper trop rapidement. Si l'on ne veut introduire dans l'œil qu'une faible quantité de liquide ou agir sur une partie très-limitée du globe de l'œil, il faut se servir d'une barbe de plume ou d'un petit pinceau de charpie qu'on trempe dans le collyre et que l'on porte ensuite sur la partie, après avoir écarté les paupières.

Les collyres en vapeur consistent dans des gaz renfermés dans des flacons bien bouchés à l'action desquels on expose les yeux.

INJECTIONS.

95. L'injection est une petite opération qui consiste à

4.

introduire, au moyen d'une seringue, un liquide dans une cavité.

La nature et la quantité du liquide employé dans les injections varient nécessairement suivant les indications du médecin.

Les injections *nasales* se font avec une seringue de la capacité de 50 à 60 grammes, à siphon renflé en olive percé d'un seul trou à son sommet; le malade assis en face du jour, la tête renversée en arrière, on relève légèrement le lobule du nez avec la main gauche, l'autre main maintient la seringue entre le pouce et le médius; le doigt indicateur, engagé dans l'anneau du piston, pousse doucement le liquide contenu dans l'instrument dont le siphon est placé à l'entrée des fosses nasales.

Les injections *auriculaires* se pratiquent avec une seringue de même forme et de même capacité que pour les injections nasales. — L'oreille malade est exposée au jour; de la main gauche, le pavillon de l'oreille est tiré en haut et en arrière pour effacer la courbe du conduit auditif, et, de l'autre main, qui est armée de la seringue, on pousse doucement le liquide après avoir engagé le siphon dans l'orifice externe du conduit.

Les injections *intestinales* portent le nom de lavements; elles se donnent avec des seringues d'une capacité variable depuis 500 jusqu'à 125 grammes. Le lavement de 500 grammes est un lavement entier; celui de 250 grammes est un demi-lavement, et celui de 125 grammes un quart de lavement. — Les liquides qui servent aux injections intestinales peuvent être froids ou chauds; dans ce dernier cas, ils doivent être à la température de 33 degrés au plus du thermomètre centigrade. Les lavements s'administrent avec des seringues, et, le plus souvent, avec d'autres instruments analogues.

La seringue ordinaire est en étain; elle se compose de trois pièces qui se vissent l'une sur l'autre : le corps, le piston, et la canule. Pour la remplir, on enlève le piston; le corps est tenu verticalement, la canule dirigée en bas, et bouchée par la pulpe de l'un des doigts qui tiennent la partie inférieure. La quantité prescrite de liquide est versée, puis le piston vissé. La seringue alors est redressée en sens inverse, et le piston doucement poussé jusqu'à ce que le liquide se montre à l'orifice de la canule ; de cette manière, tout l'air contenu dans la seringue est nécessairement expulsé. Cet instrument est aujourd'hui avec raison généralement abandonné et remplacé, avec avantage, par l'irrigateur du docteur Eguisier, qui se compose d'un siphon flexible, terminé à son sommet par une petite canule d'ivoire, d'un corps qui reçoit le liquide, et d'un piston mis en mouvement par un ressort. Sur chaque irrigateur est gravée une instruction relative à sa manœuvre.

Les lavements, pour être méthodiquement administrés, demandent quelques précautions qui ont de l'importance, et dont l'omission pourrait avoir des suites graves pour le malade. Il faut faire coucher le malade sur le côté droit, au bord du lit, sur lequel on a placé un drap d'alèze, le derrière saillant, la cuisse gauche fléchie vers le ventre, la cuisse droite modérément étendue. La canule, enduite d'un corps gras, est introduite d'abord suivant la direction d'une ligne qui irait de l'anus au nombril, dans une longueur d'environ 3 centimètres, puis par un second mouvement elle est rapprochée de la cuisse droite. On pousse alors doucement le piston de la seringue, ou l'on ouvre le robinet si l'on se sert de l'irrigateur du docteur Eguisier, en recommandant au malade de ne point faire de grands efforts d'inspiration, de ne point tousser, ni éternuer.

BAINS.

96. — Le bain est l'immersion plus ou moins prolongée du corps ou d'une partie du corps dans un milieu différent de celui où il existe habituellement.

L'eau, soit liquide, soit à l'état de vapeur, constitue presque tous les bains; on emploie encore quelquefois des bains secs, notamment ceux de sable marin chauffé, des bains de boues minérales.

Bains d'eau. — Les bains d'eau sont simples ou médicamenteux, et dans les deux cas locaux ou généraux.

Les bains simples et généraux peuvent être, suivant leur température, froids, frais et tièdes ou tempérés.

Les bains froids sont ceux dont la température oscille entre 0 et 20 degrés centigrades; l'hydrothérapie en fait un fréquent usage, le plus souvent sous forme de douches.

Les bains frais sont ceux qui produisent sur notre corps une simple impression de fraîcheur; ce sont surtout des bains hygiéniques, que l'on prend dans une eau courante d'une température de 20 à 25 degrés centigrades.

Les bains tièdes sont les plus fréquemment employés en thérapeutique; ils n'influencent point la circulation, et produisent sur la peau une impression de tiédeur, d'une chaleur douce et agréable ; ils imbibent, gonflent, ramollissent l'épiderme, introduisent dans le sang une certaine quantité d'eau, et déterminent une sorte de détente générale accompagnée d'un sentiment de bien-être et de calme. Les précautions qu'ils exigent se réduisent à tenir les baignoires dans le plus grand état de propreté, à maintenir le bain à une même température, qui oscille pour chaque individu entre 25 et 32 degrés centigrades, à recommander aux malades de prendre le bain à jeun, ou au moins deux heures et demie ou trois heures après avoir mangé, à ne pas laisser exposer à l'évaporation de l'air le cou et les épaules préalablement mouillés, à s'essuyer rapidement avec des linges chauds et secs au sortir du bain, et à ne pas y séjourner plus de trois quarts d'heure à une heure.

Les bains généraux médicamenteux empruntent leurs propriétés thérapeutiques aux substances qu'ils contiennent en dissolution. Ils sont très-nombreux; outre les eaux minérales, qui en fournissent un grand nombre d'espèces, il y en a beaucoup que l'on prépare artificiellement. Ce sont les bains de son, de gélatine, sulfureux, alcalins,

mercuriels, etc.; ils participent à la fois et des propriétés
des bains généraux suivant la température, et des propriétés médicamenteuses des substances qui s'y trouvent contenues.

Les bains locaux ou partiels sont d'un usage très-fréquent; ils s'emploient comme les bains entiers, à une température basse ou élevée, suivant l'indication que l'on veut
remplir.

Les pédiluves ou bains de pieds sont tantôt simples,
c'est-à-dire composés d'eau que l'on maintient, suivant la
prescription, à une température plus ou moins élevée,
mais le plus souvent ils sont médicamenteux. On y met
soit du sel de cuisine, soit des sels alcalins, ou de la farine de moutarde. Le bain de pieds à la farine de moutarde, ou *pédiluve sinapisé* se prépare en versant d'abord
dans le vase une petite quantité d'eau tiède dans laquelle on
délaie la poudre de moutarde, on ajoute ensuite l'eau peu à
peu d'une main, en l'agitant de l'autre, et en quantité assez
grande pour que les deux pieds plongent au moins jusqu'au
dessus des malléoles. Le malade est enveloppé dans une
couverture de laine, et le vase est recouvert d'un drap qui
empêche l'odeur pénétrante de la moutarde de s'élever et
d'incommoder. A proximité doit se trouver un vase contenant de l'eau chaude pour réchauffer, vers la fin, celle
du pédiluve. Après 10 ou 15 minutes, les pieds sont retirés
de l'eau, et immédiatement essuyés.

Les *manuluves* ou bains de mains, simples ou médicamenteux, se donnent exactement de la même manière que les pédiluves, et avec les mêmes soins, si ce n'est que les malades peuvent les prendre dans le lit, à l'aide de vases appropriés à cet usage.

Il en est de même pour le *bain de siége*, c'est-à-dire celui dans lequel, au moyen d'un réservoir particulier en forme de fauteuil, le siége et les parties adjacentes du ventre et des cuisses sont plongés dans l'eau.

Bains de vapeur. — Les bains de vapeur sont ceux dans lesquels tout le corps, la tête y comprise en général, est soumis à l'action de l'eau pure réduite en vapeur.

On les administre ordinairement dans des chambres bien closes, chauffées à 45 degrés centigrades, où se trouvent des gradins en amphithéâtre pour 30 à 50 personnes; au devant des gradins et au milieu de la chambre vient déboucher un large tuyau qui projette la vapeur par une multitude de petites ouvertures. La vapeur se porte vers la partie supérieure de l'appartement, de telle sorte que les gradins les plus élevés sont ceux où existe la plus chaude température; il faut donc recommander aux malades de commencer à se placer sur les premiers gradins.

Les bains de vapeur peuvent être administrés d'une manière beaucoup plus simple, à l'aide d'un appareil qui sera décrit plus loin en parlant des fumigations.

La durée du bain de vapeur est de 25 à 40 minutes; on enveloppe ensuite le malade dans une couverture de laine, où il continue de suer pendant plusieurs heures.

DOUCHES.

97. On appelle douches la projection à distance variable d'un liquide ou d'un gaz sur une de nos parties.

Les douches *liquides* sont froides ou chaudes, ou alternativement chaudes et froides. On les donne à l'aide d'un appareil composé d'un réservoir plus ou moins élevé et d'un tube fixe ou mobile terminé par un ajutage de forme variée. — Cet ajutage se présente sous la forme soit d'une pomme d'arrosoir, soit d'une cloche ; il peut aussi n'être percé que d'une simple ouverture à son centre. — Les douches sont descendantes lorsque le tube descend perpendiculairement du réservoir sur l'organe qui doit être frappé ; ascendantes, lorsque le tube se recourbe deux fois, de manière à faire remonter l'eau contre son propre poids.

Les douches de *vapeur* consistent en un jet de vapeur projeté avec force par un tube mobile terminé par un orifice simple ou évasé, et percé de plusieurs trous, comme celui d'un arrosoir.

La durée des douches varie suivant les prescriptions médicales ; elle est en général de 5 à 10 minutes.

IRRIGATIONS.

98. On appelle irrigation l'écoulement permanent d'un filet d'eau sur une partie du corps.

Avant de commencer une irrigation, il faut garantir de l'humidité le lit et les vêtements du malade par des draps d'alèze et une toile cirée, disposés de telle sorte que l'eau ne s'accumule pas et trouve un écoulement facile.

La partie est recouverte d'une compresse ou de charpie, destinée à empêcher l'eau de tomber de tout son poids sur les organes malades, et à l'étaler sur une plus grande surface.

L'appareil à irrigation doit se composer d'un réservoir d'eau, d'un conducteur qui amène le liquide au voisinage de la plaie, et d'un vase destiné à recevoir l'eau qui a baigné l'organe. — Le conducteur peut être un tube en verre recourbé sous forme de siphon, une bande, un brin de paille, une ficelle. Un seau de zinc ou de bois, une fontaine à robinet, etc., peuvent servir de réservoir, qui doit être élevé au-dessus du malade, en le posant sur une chaise placée sur un meuble rapproché du lit, ou en l'accrochant à un clou fixé dans le mur, ou en l'attachant à la corde dont les malades, dans les hôpitaux, s'aident pour leurs mouvements, etc.

Le filet d'eau qui s'échappe du conducteur doit être très-fin, et tomber goutte à goutte d'une faible hauteur.

La durée des irrigations varie depuis quelques jours jusqu'à 30 et 40 jours; elle est subordonnée à la marche de la maladie.

FUMIGATIONS.

99. La fumigation est le séjour plus ou moins prolongé du corps tout entier ou d'une partie dans un milieu rempli

de vapeurs résultant de la combustion de certains principes médicamenteux, ou de la volatilisation de certaines substances minérales.

Les fumigations sont employées comme moyens thérapeutiques et comme moyens hygiéniques. On distingue les premières en fumigations sèches, humides, générales et locales.

Les fumigations sèches se pratiquent avec des substances qu'on rend volatiles par la chaleur; elles sont aisément supportées à une température élevée à 60 degrés centigrades, tandis que les fumigations humides le sont difficilement au delà de 45 degrés centigrades.

Les fumigations générales s'administrent à l'aide d'une boîte de bois bien fermée, dans laquelle le malade est assis; la tête sort par une ouverture à coulisse, fermée aussi exactement que possible, et le petit intervalle qui existe entre le cou et cette ouverture est bouché avec une serviette ou un drap, pour que les vapeurs ne puissent s'échapper de l'intérieur de l'appareil et incommoder le malade. A la partie inférieure se trouve un autre trou, qui donne passage à un tuyau conduisant dans la boîte le corps volatilisé.

Si le malade ne peut se lever, on soulève les couvertures de son lit au moyen de cerceaux placés autour de lui, et l'on fait arriver par le pied du lit le gaz ou la vapeur; le lit, dans ce cas, remplace la boîte à fumigation. — Un appareil simple et commode à la fois pour pratiquer des fumiga-

tions sèches, destinées à calorifier un malade, est celui-ci :
il consiste en un tuyau de poêle coudé dont la portion verticale, de 60 à 80 centimètres environ, est placée en dehors
et au pied du lit, et la portion horizontale, de 30 à 40 centimètres, est introduite sous les couvertures, maintenues,
soulevées par des cerceaux. — Une lampe à esprit-de-vin à
trois mèches, et pouvant contenir 200 grammes de ce
liquide, est placée à l'orifice du tuyau qui repose sur le
plancher; cet orifice est légèrement entaillé dans sa circonférence, afin de faciliter l'introduction de l'air extérieur. —
On allume d'abord les trois mèches pour produire immédiatement l'action la plus intense, et, quand l'effet doit être
ralenti, on éteint successivement l'une des mèches, puis la
seconde. — Comme le métal peut s'échauffer au point de
brûler les effets de couchage, le tuyau horizontal passe à travers un manchon en bois sur lequel reposent les couvertures.

Si le malade peut se lever, mais ne peut se rendre ni
être transporté dans la salle des appareils à fumigation, on
remplace la boîte fumigatoire par un appareil composé de
montants en bois, articulés entre eux, et d'inégale hauteur;
ils sont recouverts d'une toile imperméable dont un des
bords touche le sol et dont l'autre bord est fixé autour du
cou du malade, qui est assis sur une chaise au centre de
cet appareil. La vapeur arrive par deux tuyaux flexibles qui
s'adaptent au couvercle d'une petite chaudière placée sur un
réchaud.

Les fumigations partielles ou locales des membres s'administrent de la même manière.

Les fumigations dans les cavités intérieures se prennent à l'aide d'un flacon en verre à deux tubulures ; l'une sert à introduire les substances, l'autre donne passage à un tube qui conduit la vapeur sur la partie malade. On peut plus simplement se servir d'un vase recouvert complétement par la partie évasée d'un entonnoir dont l'autre extrémité sert de tube conducteur à la vapeur.

Les fumigations hygiéniques ont pour objet de détruire soit les émanations délétères qui infectent l'air des salles, soit les émanations infectes des plaies d'un malade. Dans ce dernier cas, on se sert du chlorure de chaux, comme nous l'avons indiqué à l'article 82. — S'agit-il de pratiquer des fumigations dans une salle inhabitée ? on étale les matelas et les couvertures, de manière que les vapeurs puissent porter sur toutes leurs faces ; on place sur un réchaud, au milieu de la salle, les substances fumigatoires, après avoir fermé soigneusement les portes et les fenêtres, qui ne doivent être ouvertes que douze heures après cette opération. Si la salle renferme des malades, on se contente de laisser exposée à l'air libre une quantité convenable de chlorure de chaux.

SANGSUES.

100. *Divers modes d'application.* — Les sangsues peuvent être appliquées sur toutes les parties de la peau, et

même sur tous les points accessibles des cavités naturelles.
— Les préparatifs à faire sont : 1° de raser la partie, si elle
est couverte de poils, et de la laver avec de l'eau tiède;
2° de placer les sangsues dans un linge où on les roule,
afin de les essuyer et de les exciter légèrement, et de les
tenir ainsi quelque temps hors de l'eau avant de les mettre
en contact avec la peau.

Les sangsues sont posées en masse, ou bien une à une.
— Quand on veut appliquer un certain nombre de sangsues
à la fois, on peut se servir d'un verre dans lequel on les
place; on le renverse sur la partie où elles doivent s'attacher, et on les y maintient jusqu'à ce qu'elles soient fixées;
on peut encore avoir recours à un morceau de sparadrap
diachylon que l'on roule en cornet. — S'il est nécessaire de
placer les sangsues sur une grande surface, on les dispose
au centre d'une compresse que l'on maintient ensuite avec
la main ou avec un bandage, afin d'éviter qu'elles ne
s'échappent et n'aillent mordre plus loin qu'il ne faut.

Si les sangsues sont appliquées une à une, on saisit
l'animal entre les doigts, de façon que son orifice buccal
dépasse leur extrémité et puisse être présenté à la partie
qui doit être mordue; mais comme la peau de la sangsue
est très-glissante, il est bon d'interposer entre elle et les
doigts un linge fin et sec. — On peut encore introduire la
sangsue dans un tube de verre d'un diamètre assez étroit
pour que l'animal ne puisse se retourner, ou bien dans une
carte roulée; ce procédé est surtout utile lorsqu'on veut

porter des sangsues dans le fond d'une cavité, de la bouche, par exemple; il faut alors traverser son extrémité caudale d'un fil dont les chefs sont maintenus à l'extérieur. —

Les sangsues se détachent d'elles-mêmes de la peau lorsqu'elles sont gorgées de sang, après un laps de temps qui varie entre quelques minutes et une heure. Quelquefois, cependant, elles y restent fixées, quoique très-fortement distendues; on peut alors provoquer leur chute en les saupoudrant légèrement de sel marin ou de cendres de tabac; il faut surtout se garder de les arracher de force.

Après la chute des sangsues, le sang continue à couler pendant plusieurs heures; on facilite, s'il est besoin, cet écoulement consécutif par des lavages d'eau tiède, des fumigations d'eau chaude ou des cataplasmes émollients, que l'on renouvelle plusieurs fois, en ayant le soin de laver la partie à chaque renouvellement du cataplasme. Lorsque le sang a cessé de couler, un petit caillot sanguin ferme les piqûres, et en quelques jours la guérison est obtenue sans aucun pansement.

Moyens pour arrêter les hémorrhagies qui leur succèdent. — L'écoulement de sang qui suit l'application des sangsues s'arrête quelquefois très-difficilement; il survient alors ce qu'on appelle une hémorrhagie. — Divers moyens doivent être employés contre cet accident : d'abord l'application de morceaux d'agaric, ou de chiffon brûlé, ou d'une toile d'araignée; la poudre de colophane ou d'amidon, dont on saupoudre les piqûres que l'on veut fermer, une boulette de charpie imbibée de persulfate ou de perchlorure de fer avec laquelle on touche la plaie, une compression légère faite avec les doigts ou avec la pince à pansement, ou avec de petits cônes durs d'agaric enfoncés dans les piqûres, recouverts de colophane et fixés avec un morceau plus grand d'agaric que maintient un bandage convenablement serré. Si ces moyens simples échouent, il faut recourir au médecin traitant ou de service, qui met alors en usage la cautérisation, soit avec le nitrate d'argent, soit avec un stylet rougi au feu.

VENTOUSES SÈCHES.

101. On donne le nom de ventouse à un vase en forme de cloche, qui est appliqué sur la peau, et de l'intérieur duquel on chasse l'air pour produire une rougeur notable d'une partie de la peau.

L'application des ventouses sèches se pratique soit avec des vases de verre en forme de cloche, soit avec des verres à boire ordinaires.—L'air peut être chassé de la ventouse par plusieurs procédés : 1°, projeter au fond de la ventouse, tenue le goulot en l'air, un petit fragment de papier enflammé, un peu d'étoupe, de coton ou tout autre corps combustible par lui-même ou rendu plus combustible encore par son imbibition d'alcool ou d'éther; 2°, présenter un instant l'orifice de la ventouse à la flamme d'une lampe à esprit-de-vin; 3°, adapter à la ventouse une pompe aspirante. — Tous ces moyens ont pour résultat l'attraction, dans la cavité du verre à ventouse, de la peau qui y devient bientôt d'une rougeur plus ou moins intense.

La ventouse ne doit rester appliquée qu'une à deux minutes; après ce laps de temps, on la retire de la manière suivante : on l'incline de côté, en même temps on déprime la peau du côté où le bord du goulot s'élève, au moyen du bout du doigt ou de l'extrémité d'un corps mousse, de manière à donner accès à l'air extérieur qui s'y précipite en sifflant.

On emploie quelquefois des ventouses qui s'appliquent sur une surface très-étendue. — Les ventouses dites *Junod* représentent un cylindre de cuivre qui, lorsqu'il doit servir au membre inférieur, a la forme d'une botte; une manchette en caoutchouc très-souple occupe l'extrémité supérieure, et doit être appliquée autour de la cuisse, de manière que la cavité de la ventouse n'ait aucune communication avec l'air extérieur; on enlève l'air de cette cavité à l'aide d'une pompe aspirante qui s'y adapte.

VÉSICATOIRES.

102. *Application.* — L'application d'un vésicatoire a pour but de développer artificiellement sur la peau des ampoules, dues au soulèvement de l'épiderme par une certaine quantité de liquide séreux. — Pour obtenir ce résultat, plusieurs moyens sont employés :

1° On peut se servir d'eau ou d'huile bouillante dans laquelle on trempe un linge qu'on applique sur la peau;

mais comme il est difficile de limiter exactement l'effet de ces moyens, on préfère se servir d'un corps métallique, d'un marteau à tête arrondie qu'on plonge dans l'eau bouillante, et qu'on applique ensuite sur la partie où l'on veut produire un vésicatoire. — Il ne faut pas que le contact excède la durée de quelques secondes, sinon l'on s'expose à déterminer la mortification de la peau.

2° L'ammoniaque liquide et concentrée peut être employée seule et de la manière suivante : une rondelle de linge imbibée de ce liquide est posée sur la peau, ou mieux encore, on verse dans un verre de montre plat 8 à 10 gouttes d'ammoniaque qu'on recouvre d'une pièce de linge taillée sur un diamètre plus petit que celui du verre, et on l'applique sur la peau ; au bout de 1 à 5 minutes, l'ampoule est formée. — La pommade de Gondret, qui est un mélange d'axonge et d'ammoniaque, donne le même résultat, lorsqu'elle est fraîchement préparée ; son effet est cependant moins rapide et exige une application de 10 minutes à un quart d'heure. — Pour s'en servir, on étale sur un linge de la même grandeur que le vésicatoire qui doit être formé, une couche fort mince de cette pommade, et on l'applique dans l'endroit désigné, après avoir pris la précaution, à l'aide d'une bandelette ou d'un morceau de sparadrap de diachylon perforé, de circonscrire la peau autour de ce lieu d'élection.

3° Les cantharides et leurs composés sont les substances vésicantes dont on fait le plus fréquemment usage. — On

5.

les emploie surtout incorporées à un emplâtre qui prend alors le nom d'emplâtre à vésicatoire ou épispastique. — Pour s'en servir, il faut l'étaler en couche assez épaisse sur une pièce de linge ou un morceau de sparadrap de diachylon, en prenant le soin de limiter régulièrement les bords de cette couche emplastique ; on y arrive facilement en recouvrant la surface de linge ou de sparadrap d'un morceau de papier fort, percé d'une ouverture égale à la grandeur du vésicatoire qu'on veut obtenir, papier que l'on retire quand on a étalé l'emplâtre. — Il faut enfin, si le vésicatoire doit être très-large, saupoudrer de poudre de camphre la surface de l'emplâtre qui doit être en contact avec la peau.

Avant d'appliquer le vésicatoire, il faut raser la partie sur laquelle on veut agir, et au besoin la rubéfier par des frictions faites avec un linge ou une flanelle secs ou imbibés de vinaigre ; on pose ensuite l'emplâtre. Si ce dernier a été étalé sur de la toile, on le fixe à l'aide de deux bandelettes de diachylon disposées en croix ; si, au contraire, le vésicatoire a été préparé avec un morceau de sparadrap diachylon ; comme on a laissé autour de l'emplâtre 4 à 5 millimètres de sparadrap à découvert ; la circonférence du vésicatoire devient ainsi adhérente à la peau et le maintient en place. On applique enfin sur l'emplâtre une compresse pliée en plusieurs doubles et un bandage approprié. Au bout de douze à quinze ou vingt heures, une ampoule existe dans toute l'étendue occupée par l'emplâtre épispastique; on se conduit diversement suivant qu'il faut immédiatement favoriser la cicatrisation de la plaie, ou la faire suppurer pendant un temps plus ou moins long : dans le premier cas, le vésicatoire est dit *volant;* dans le second cas, il est dit *permanent* ou à demeure.

Pansement. — Lorsque le vésicatoire est *volant,* on se contente, après avoir retiré l'emplâtre, d'ouvrir, si elle ne l'est déjà, l'ampoule avec les ciseaux, de laisser écouler tout le liquide qu'elle renferme, et de placer sur la plaie un linge recouvert d'une légère couche de cérat et maintenu par un bandage. Ce pansement est renouvelé tous les jours, jusqu'à cicatrisation de la plaie, qui est généralement complète en 5 ou 6 jours.

Si le vésicatoire doit être *permanent,* il faut enlever l'épiderme de l'ampoule en totalité ou en grande partie, soit en l'arrachant très-rapidement et par un mouvement circulaire avec les pinces, soit en le soulevant d'abord avec les pinces, et en le coupant circulairement avec les ciseaux. On met ensuite en usage le même pansement que nous venons d'indiquer pour le vésicatoire volant. Les pansements consécutifs exigent l'emploi de médicaments destinés à produire et à entretenir la suppuration; ce sont les onguents basilicum, styrax, les pommades au garou, à la sabine et épispastique. Quelle que soit la préparation dont on fasse usage, on en étend une couche mince sur un linge fin, et on l'applique sur la plaie; il faut avoir le soin d'étaler la pommade dans l'étendue seulement du vésicatoire, et de recouvrir le pourtour de cérat, pour éviter l'agrandissement de la plaie. Dans le pansement du vésicatoire permanent, il arrive de temps en temps que la suppuration est trop forte ou trop faible; dans le premier cas, il faut mélanger les pommades avec un peu de cérat; dans le second, au contraire, il faut augmenter leur énergie, en plaçant sur le linge une couche plus épaisse. Il se forme souvent sur les vésicatoires des fausses membranes qui ont l'aspect d'une couche couenneuse; il est même des malades chez lesquels il est impossible d'établir des vésicatoires à demeure, parce qu'ils se recouvrent immédiatement de ces pellicules qui arrêtent la suppuration. Dans ces cas, il faut supprimer l'application des pommades, et les remplacer par les cataplasmes émollients, qui détachent cette couche couenneuse et raniment la suppuration. Lorsque les pseudo-membranes sont peu larges et peu épaisses, on peut les enlever parfois avec la spatule, sans recourir à l'action des cataplasmes, mais ce moyen est très-douloureux. Lorsqu'on veut faire sécher le vésicatoire permanent, il suffit de cesser l'emploi des pommades, et de ne recouvrir la compresse que d'une légère couche de cérat.

Quel que soit le mode de pansement employé pour un vésicatoire, il faut se souvenir que dans les premiers jours ce pansement est des plus douloureux, et qu'il est nécessaire d'avoir la main très-légère pour le faire. Le contact de l'air avec la peau dénudée donne une sensation de brûlure des plus vives. Il est indispensable d'avoir préparé les pièces du nouveau pansement avant de découvrir la partie.

103. *Pansement*. — On donne le nom de cautère à une plaie superficielle de petite dimension, établie dans un but thérapeutique. Cette plaie peut être entretenue pendant longtemps en suppuration ; ou, au contraire, on la laisse se cicatriser, immédiatement après sa formation ; ces cautères portent dans le premier cas le nom de cautère *volant*, et dans le second, celui de cautère *permanent*.

Le pansement du cautère volant est très-simple ; il consiste à recouvrir la plaie soit d'un pansement à plat, soit d'un morceau de diachylon jusqu'à parfaite guérison, c'est-à-dire pendant un à deux mois.

Les cautères permanents sont entretenus en suppuration à l'aide de pois ordinaires, de haricots, de petites boules de racine d'iris ou de boulettes de cire et de charpie ; on les traverse généralement d'un fil, pour faciliter leur extraction lors du pansement. On en place un, deux, trois et même quatre dans un seul cautère, suivant l'étendue de la plaie. Leurs pansements, qu'on renouvelle chaque jour, se composent du pois à cautère que l'on enfonce dans la plaie, et que l'on recouvre d'un morceau de diachylon taillé en carré, d'une compresse et d'un bandage. Si le cautère ne suppure pas assez, on enduit les pois des onguents styrax, basilicum ou de pommade épispastique ; si, au contraire, il est trop excité, on calme cette excitation par les cataplasmes émollients. Lorsqu'on veut supprimer le cautère, il suffit de ne plus mettre de pois dans la plaie et de panser celle-ci avec un carré de sparadrap diachylon recouvert d'une compresse et d'un bandage approprié.

SÉTONS.

104. *Pansement.* — Le séton est constitué par une plaie à deux ouvertures, traversées par une mèche de coton ou par une étroite bandelette de linge effilée sur ses deux longs bords. Le premier pansement, c'est-à-dire celui qui suit son application, ne doit être fait que le quatrième ou le cinquième jour, lorsque la suppuration est établie ; tous les autres pansements doivent être renouvelés après 24 heures, et même deux fois par jour lorsque la suppuration est trop abondante. Ils se pratiquent de la manière suivante : on détache toutes les pièces de linge assez doucement pour ne pas faire sortir la mèche de la plaie ; on enduit avec du cérat une petite partie de la mèche ; on saisit le bout opposé avec les pinces à pansement, et on fait glisser dans le trajet du séton la portion cératée ; on coupe avec les ciseaux la partie qui a été en rapport avec la plaie, et l'on applique sur elle un linge fenestré, un plumasseau, une compresse sur laquelle repose la mèche non introduite dans la plaie, et l'on fixe tout le pansement par un bandage médiocrement serré. Lorsque la bandelette ou la mèche à séton est épuisée, on la remplace en fixant la nou-

velle mèche à l'ancienne par une couture, ou en faisant à l'ancienne mèche une boutonnière dans laquelle on passe l'extrémité de la nouvelle, ou en ébarbant les deux mèches, qu'on attache solidement entre elles avec un fil.

Lorsque la suppuration du séton est insuffisante, on lui donne une nouvelle activité en graissant la mèche avec un peu d'onguent basilicum ou de pommade épispastique.

Si le séton devient très-douloureux, on remplace la bandelette effilée par une mèche de coton cylindrique; si les douleurs persistent, on les combat par des cataplasmes émollients; et si ces moyens ne suffisent pas, on enlève la mèche, qu'on replace ensuite lorsque les douleurs ont disparu et avant que la cicatrisation se fasse.

Lorsqu'on veut supprimer le séton, il suffit de retirer la bandelette et de faire un pansement à plat, en exerçant une légère compression sur le milieu de son trajet, pour empêcher le pus d'y séjourner.

NETTOYAGE DES DENTS.

105. Les dents peuvent se recouvrir soit d'une *matière limoneuse*, soit d'une concrétion particulière appelée *tartre*.

Le limon s'enlève facilement avec une brosse et de l'eau pure ou aiguisée d'un peu de vinaigre; cette petite opération de toilette doit être répétée tous les jours, lorsqu'on veut entretenir ses dents en état de propreté.

Le tartre se dépose à la base des dents et principalement sur celles que la douleur force de suspendre les fonctions de mastication.; la couche qu'il forme est quelquefois si épaisse, qu'elle cache entièrement plusieurs dents à la fois. Cette matière, d'une dureté assez grande, soulève les gencives, les irrite, les ulcère, rend les dents branlantes, l'haleine fétide, et doit être enlevée par une petite opération. L'ablation du tartre se fait généralement à l'aide d'instruments spéciaux de formes diverses; on peut à la rigueur les remplacer par les branches des ciseaux de trousse, préalablement désarticulées. On dispose une compresse pour essuyer son instrument, de l'eau tiède dans un verre, et un bassin pour rincer la bouche durant l'opération. Ces préparatifs terminés, le malade est assis, la tête appuyée en arrière, et la bouche entr'ouverte; un des doigts de la main gauche sert, selon le besoin, à écarter les lèvres; la pulpe de l'index de la même main appuyée sur le tranchant des dents, on porte la pointe des branches des ciseaux dont est armée la main droite, entre la gencive et la base du tartre recouvrant la dent soutenue, et l'on s'efforce de diviser en fragments ce corps étranger, en agissant de haut en bas pour les dents de la mâchoire supérieure, et de bas en haut pour celles de la mâchoire inférieure, afin de ne pas blesser la gencive. Lorsque toutes les dents sont nettoyées en dehors, on procède au nettoyage de leur face interne. Ceci-fait, on passe un cure-dent de plume entre les dents; puis on les frotte avec une boulette de coton, ou mieux avec une brosse chargée de poudre, dite dentrifice, et l'on fait plusieurs fois rincer la bouche.

TROISIÈME PARTIE.

BANDAGES.

—

MANIÈRE DE ROULER LES BANDES.

Fig 20.

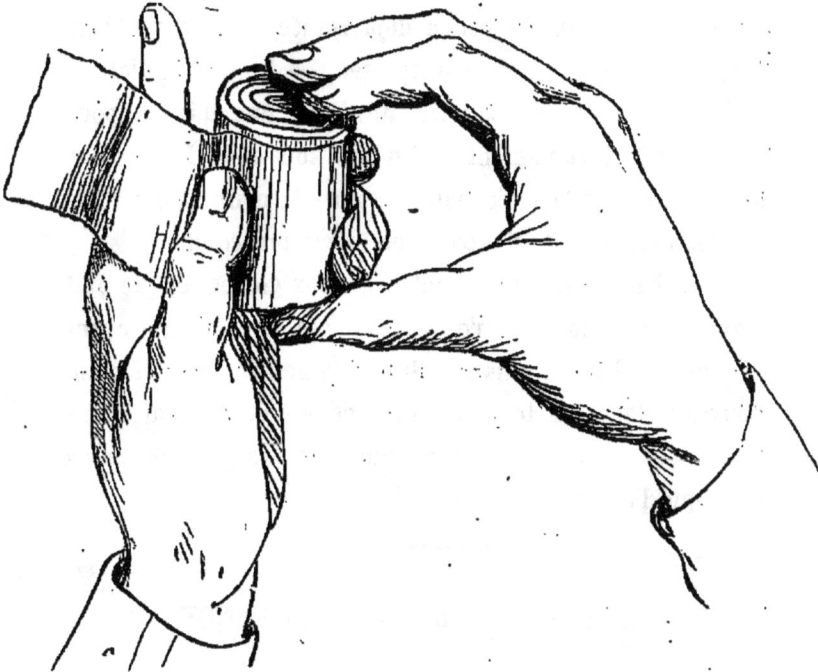

106. Pour rouler une bande, on replie sur lui-même quatre ou cinq fois un des chefs, puis cette portion repliée

est roulée en cylindre entre les doigts; on saisit ensuite (*fig.* 20) entre l'extrémité du pouce et de l'index ou du médius de la main droite l'axe de ce petit rouleau; on place entre la base du pouce et l'indicateur de la main gauche, placée de champ, la portion non roulée de la bande, qu'on laisse pendre. — Alors les deux doigts de la main droite font courir la bande de gauche à droite sur son axe, autour duquel le plein de la bande s'enroule successivement; les doigts libres de la main gauche maintiennent fixée dans la paume de la main la partie déjà roulée, et l'on continue jusqu'à ce que la bande soit épuisée. — Le chef initial est fixé par un point de couture, un fil ou une épingle, pour empêcher le déroulement. — On peut tout aussi bien rouler une bande avec la main gauche : alors la main droite remplit les fonctions de l'autre dans le cas précédent.

Si la bande doit être roulée à deux globes, on en fait d'abord un premier, qu'on arrête avec une épingle avant d'épuiser la bande, puis avec la partie non roulée on fait un nouveau globe par le même procédé. — En général, dans les bandes ainsi préparées, un globe doit toujours être plus petit que l'autre.

MANIÈRE D'APPLIQUER LES BANDES.

107. La manière d'appliquer les bandes diffère selon qu'elles sont roulées à un ou deux globes.

Si la bande est à un globe, la main droite le prend à

pleine main, ou par ses deux bouts, entre le pouce et le médius, tandis qu'entre le pouce et l'index de la main gauche est saisi le chef initial qu'on applique par sa face externe sur un des points de la circonférence de la partie

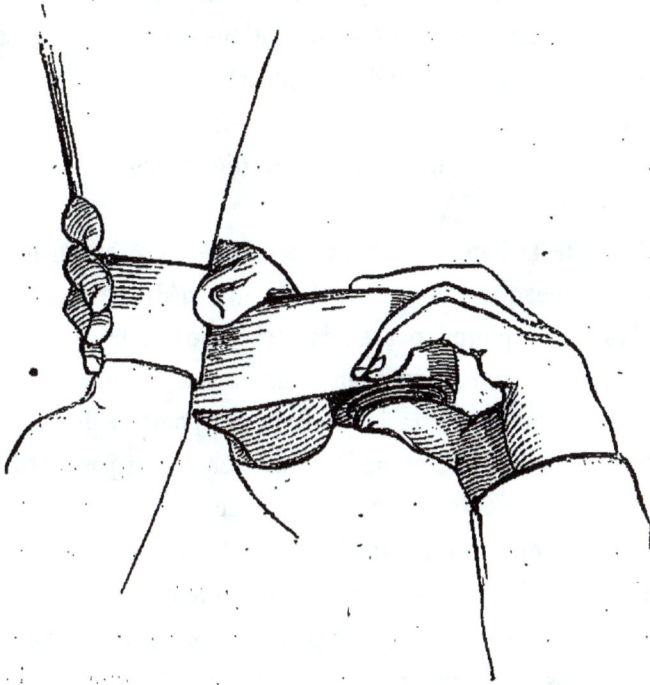

Fig. 24.

qui doit recevoir la bande; on fixe ce chef en ce point par deux tours circulaires (*fig.* 24), puis on continue l'application de la bande suivant la direction que l'on veut donner au bandage. — Lorsque le globe est épuisé, on arrête la bande soit en nouant ensemble le chef initial laissé libre et le chef terminal, soit en fixant le chef terminal par un point de couture, un lien, un ruban, un fil, ou avec des épingles; les épingles doivent en général être dirigées parallèlement à la longueur de la bande; leurs têtes du côté libre et leurs pointes cachées sous les circonvolutions. — On peut encore fixer les bandes en fendant leur chef terminal en deux lanières que l'on conduit en sens opposé pour les faire rencontrer à l'opposite, où on les assujettit par un nœud ou une rosette.

Lorsque la bande est roulée à deux globes, on en prend un dans chaque main; le plein intermédiaire aux deux globes est appliqué par sa face externe sur la partie; les deux globes sont dirigés en sens opposé; à leur point de rencontre, qui doit être à l'opposite du point de départ, on les change de main, et on les entre-croise en passant l'un au-dessus de l'autre, et en repliant le jet inférieur sur le supérieur; on continue ainsi le déroulement simultané des deux globes jusqu'à leur entier épuisement.

Si l'on recouvre de jets de bande une partie de volume inégal dans sa longueur, l'avant-bras, par exemple, ces jets de bande ne pressent point également par leurs deux bords, un d'eux touche la partie saillante, tandis que l'autre est éloigné du membre et forme ce qu'on appelle un *godet*. — Pour éviter les godets, on fait des *renversés;* on les pratique en pliant obliquement sur elle-même la face externe de la bande, de la partie la plus saillante vers celle qui l'est moins, et en soutenant le pli avec le pouce ou l'index (*fig.* 22).

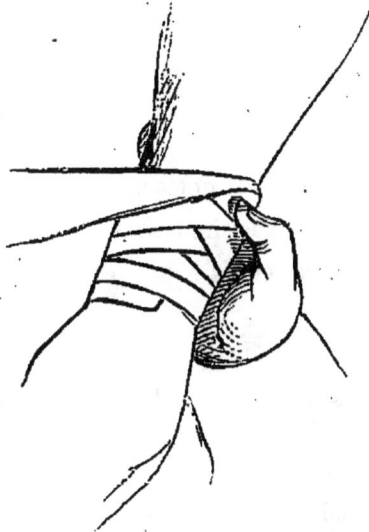

Fig. 22.

CONSIDÉRATIONS GÉNÉRALES.

108. Le bandage est l'arrangement qui résulte de l'application sur une partie du corps d'une ou plusieurs pièces de pansement.

On donne encore le nom de bandage à l'ensemble de plusieurs pièces de linge *réunies* soit par des coutures, soit par continuité de tissu.

Tout bandage formé par la réunion de plusieurs pièces

de pansement porte le nom de *bandage composé*; tous les bandages qui ne sont pas formés par la réunion de plusieurs pièces de linge, sont des *bandages simples.*

SECTION I. — BANDAGES SIMPLES.

109. Les bandages simples sont très-nombreux; ils comprennent les bandages circulaires, obliques, spiraux, croisés ou en 8 de chiffre, et les bandages pleins.

§ I. — BANDAGES CIRCULAIRES.

110. Les bandages circulaires forment autour de nos parties des circulaires horizontaux qui se recouvrent à peu près exactement les uns les autres. Ils se pratiquent avec des bandes roulées à un ou deux globes, et servent, en général, à maintenir des topiques ou des pièces d'appareil sur un des points du corps; ils doivent donc presque toujours être médiocrement serrés.

CIRCULAIRE DU FRONT.

111. *Pièce du bandage.* — Une bande longue de 2 mètres et large de 4 centimètres, ou deux travers de doigt.

Application. — Après avoir couvert la tête d'un bonnet de toile ou de coton, le chef initial est appliqué sur un des points de la circonférence de la tête, et l'on jette des tours de bande horizontaux jusqu'à l'épuisement de la bande dont on fixe le chef terminal par une épingle.

CIRCULAIRE DU COU.

112. *Pièce du bandage.* — Bande longue de 1 mètre 50 centimètres, large de 5 centimètres, ou trois travers de doigt, et roulée à un globe.

Application. — Le chef initial est appliqué sur un des points du cou, et fixé par un circulaire très-peu serré qu'on recouvre par d'autres circulaires qu'on répète jusqu'à l'entier épuisement de la bande.

CIRCULAIRE DU TRONC.

113. *Pièce de bandage.* — Bande longue de 8 mètres et large de 6 centimètres, ou quatre travers de doigt, roulée à un ou deux globes.

Application. — Si la bande est à un globe, on applique le chef initial sur un des points du tronc, et on décrit des circulaires horizontaux.

La bande roulée à deux globes s'applique, comme il a été dit à l'article 107, en prenant le soin de recouvrir tous les tours de bande horizontaux plus ou moins exactement.

CIRCULAIRE D'UN DOIGT OU D'UN ORTEIL.

114. *Pièce de bandage.* — Bande longue de 50 centimètres et large de 2 centimètres, ou un travers de doigt.

Application. — On fait sur la partie du doigt ou de l'orteil à recouvrir des circulaires qui se superposent, et l'on fixe le chef terminal par une petite épingle, un fil, une rosette, ou en fendant le chef terminal en deux lanières que l'on noue.

CIRCULAIRE DE L'AVANT-BRAS OU DU BRAS.

115. *Pièce de bandage*. — Bande longue de 1 mètre et large de 4 à 5 centimètres, ou deux à trois travers de doigt.

Application. — Il suffit de former des circulaires horizontaux modérément serrés autour du bras et de l'avant-bras.

CIRCULAIRE DE LA JAMBE OU DE LA CUISSE.

116. *Pièce de bandage*. — Bande longue de 2 mètres et large de 5 à 6 centimètres, ou trois à quatre travers de doigt.

Application. — L'application de ce bandage n'offre rien de particulier, si ce n'est relativement à sa constriction, qui doit être très-faible.

§ II. — BANDAGES OBLIQUES.

117. Ces bandages consistent dans des jets de bande qui se recouvrent encore plus ou moins complétement; mais la direction des circonvolutions est oblique par rapport à la longueur de la partie sur laquelle on les applique.

OBLIQUE DU COU ET DE L'AISSELLE.

118. *Pièce de bandage.* — Bande longue de 5 mètres 50 centimètres, large de 5 centimètres, ou trois travers de doigt.

Application. — On applique le chef initial dans l'aisselle gauche, par exemple; on dirige le jet de bande sur la partie antérieure de la poitrine, sur le côté droit du cou; on ramène le globe au point de départ en croisant obliquement le dos, et l'on continue de décrire de nouveaux obliques jusqu'à l'épuisement de la bande, que l'on fixe par une épingle sur la poitrine ou le côté du cou.

Usages. — Ce bandage est toujours contentif; il sert à maintenir des pièces d'appareil sous l'aisselle.

§ 3. — BANDAGES SPIRAUX.

119. On donne le nom de bandages spiraux aux bandages dont les jets de bande représentent une spire.—Ces circonvolutions spirales portent le nom de *doloires.*

Le spiral peut être fait de diverses manières. — Tantôt les circonvolutions se recouvrent dans le tiers, la moitié ou les deux tiers de leur étendue; tantôt les circonvolutions ne se touchent que par leurs bords, ou ne se touchent même pas. — Le premier porte le nom de spiral imbriqué; le deuxième se nomme spiral contigu, et le dernier est appelé spiral rampant.

6

SPIRAL DE LA POITRINE.

120. *Pièce du bandage*. — Bande longue de 8 à 10 mètres, large de 6 à 7 centimètres ou quatre travers de doigt.

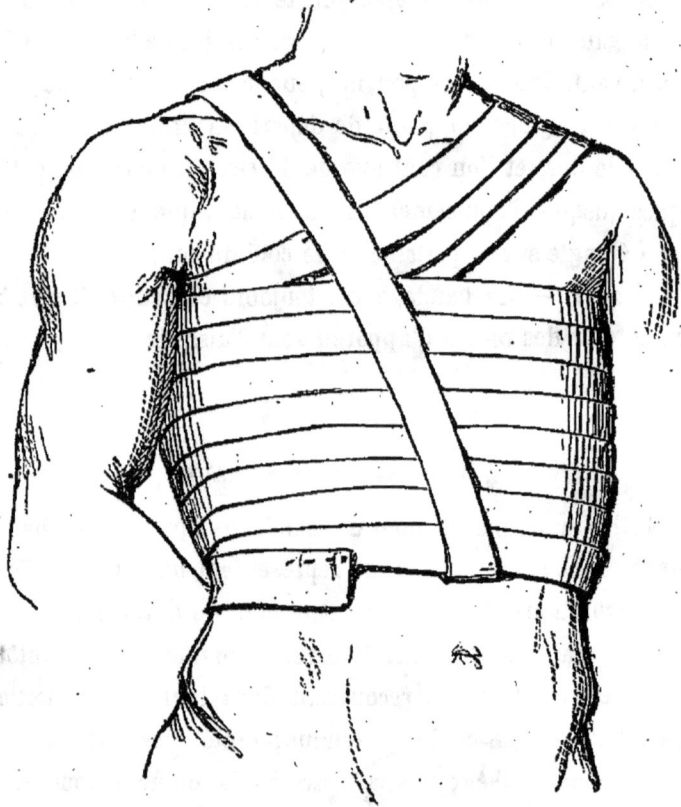

Fig. 23.

Application.—On laisse pendre 60 à 70 centimètres du

chef initial sur l'abdomen, on conduit le jet de bande sur une épaule, au dos, sous l'aisselle du côté opposé ; on fait alors deux ou trois obliques du cou et de cette aisselle ; on descend autour de la poitrine en faisant des spiraux qui se recouvrent à moitié ou aux deux tiers, et on termine par un ou deux circulaires horizontaux qui épuisent la bande. — On relève le chef initial que l'on a laissé pendre, on le conduit sur l'épaule opposée à celle où l'on applique les circulaires obliques, sur le dos, et on le fixe dans ce point sur le dernier circulaire horizontal (*Fig.* 23).

Usages. — Ce bandage sert à contenir un topique, des pièces d'appareil sur la poitrine, si, ce qui peut arriver à l'armée, on ne pouvait se procurer une pièce de linge assez longue pour entourer d'un coup toute la poitrine.

SPIRAL DE L'ABDOMEN.

121. *Même bande que pour le bandage précédent.*

Application. — On recouvre tout le ventre de jets de bande en spire se recouvrant aux deux tiers de leur largeur, en procédant de haut en bas, et on fixe le commencement et la fin du bandage par quelques tours circulaires.

SPIRAL D'UN DOIGT.

122. *Pièce du bandage.* — Bande longue de 1 mètre, large de 2 centimètres ou un travers de doigt.

Application. — On fait deux circulaires autour du poi-

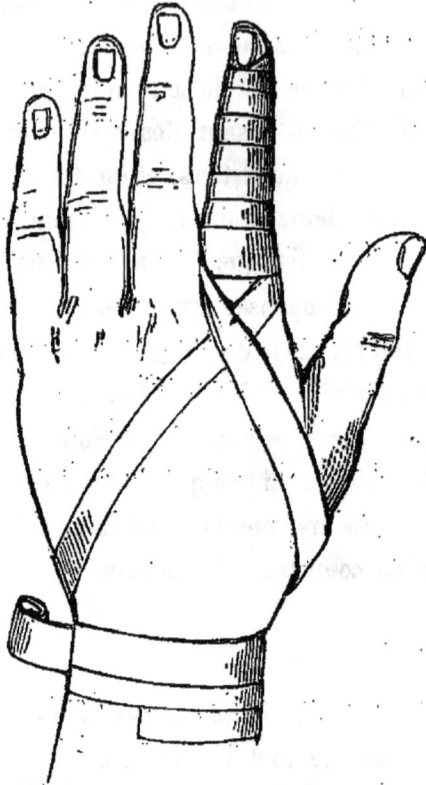

gnet, on passe sur le dos de la main jusqu'à la base du doigt malade, dont on gagne l'extrémité par un spiral rampant; arrivé là, on décrit deux ou trois circulaires, puis on descend à la base du doigt par un spiral imbriqué, et l'on retourne au poignet, où l'on termine le bandage par des circulaires (*fig. 24*).

Fig. 24.

Usages. — Ce bandage sert à maintenir des topiques sur un doigt, et quelquefois à y exercer une compression.

SPIRAL DE TOUS LES DOIGTS OU GANTELET.

123. Pièce du bandage. — Bande longue de 10 à 12 mètres, large de 2 centimètres ou un travers de doigt.

Application. — On fixe le chef initial par deux circulaires autour du poignet, puis on décrit autour de chaque doigt le spiral simple d'un doigt; en prenant le soin de terminer chaque spiral par un circulaire du poignet qui fixe les jets obliques (*fig.* 25.)

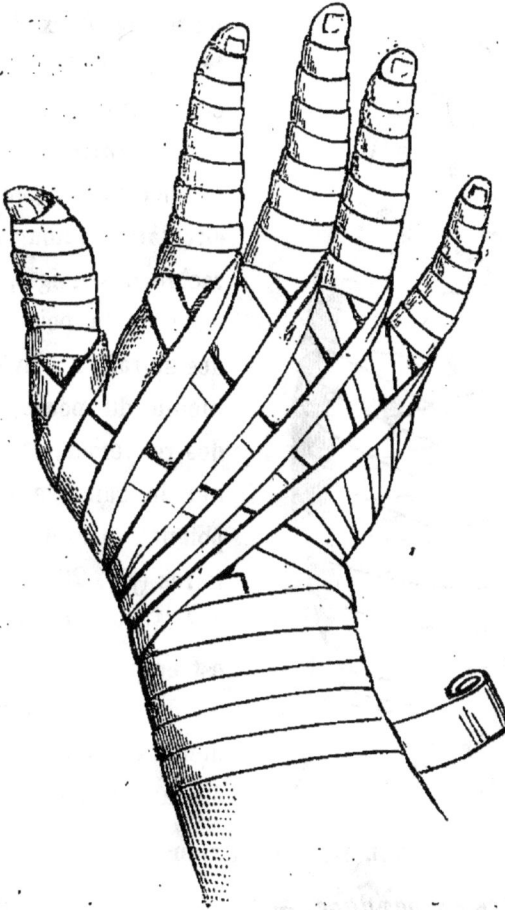

Fig. 25.

6.

Usages. — Ce bandage est destiné à faire une compression sur tous les doigts, ou à contenir un pansement.

SPIRAL DE LA MAIN.

124. *Pièce du bandage.* — Bande longue de 2 mètres, large de deux à trois travers de doigt, ou 3 centimètres.

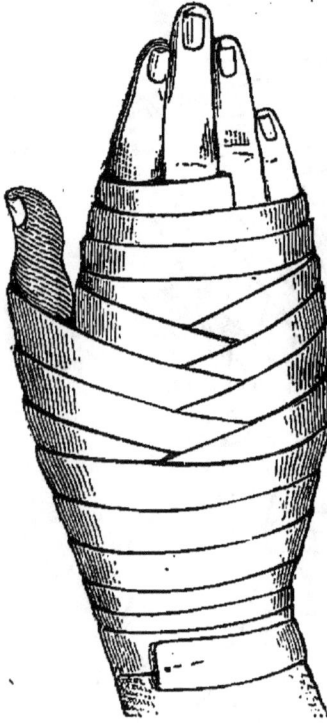

Fig. 26.

Application. — Fixez le chef initial par deux circulaires autour de la racine des doigts, montez vers le poignet par des spiraux; arrivé à la racine du pouce, faites des renversés, et terminez le bandage sur le poignet par des circulaires (*fig.* 26).

Usages. — Ce bandage est employé pour contenir des pièces de pansement ou des topiques dessus ou dans la main.

SPIRAL DE L'AVANT-BRAS.

125. *Pièce du bandage.* — Bande longue de 3 mètres, large de 4 centimètres ou deux travers de doigt.

Application. — Fixez le chef initial par deux circulaires autour du poignet ; décrivez, en remontant l'avant-bras, des spiraux qui se recouvrent à moitié ; comme la partie est conique, faites autant de renversés qu'il est nécessaire, sur la face antérieure ou postérieure de l'avant-bras, et terminez par des circulaires au pli du bras (*fig.* 27).

Usages. — Ce bandage a pour but de maintenir les topiques appliqués sur l'avant-bras ; il doit être médiocrement serré.

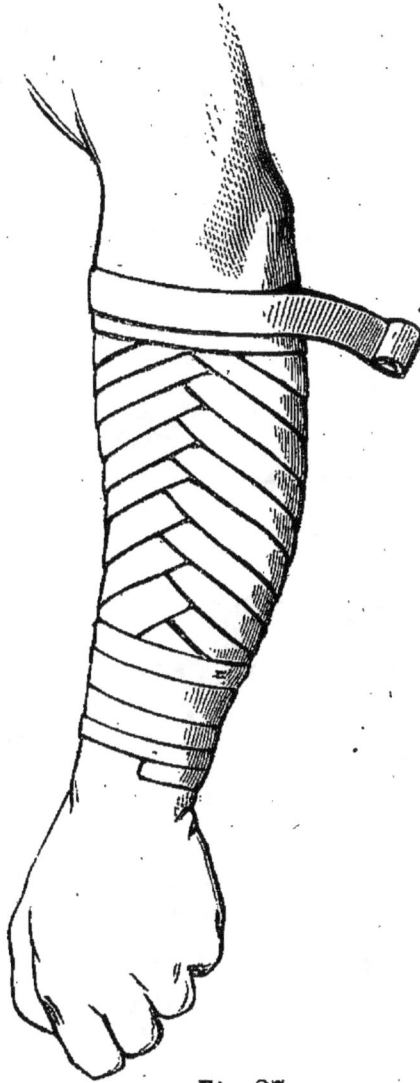

Fig. 27.

SPIRAL DU COUDE.

126. *Pièce du bandage.* — Bande longue de 2 mètres, large de 4 centimètres.

Fig. 28.

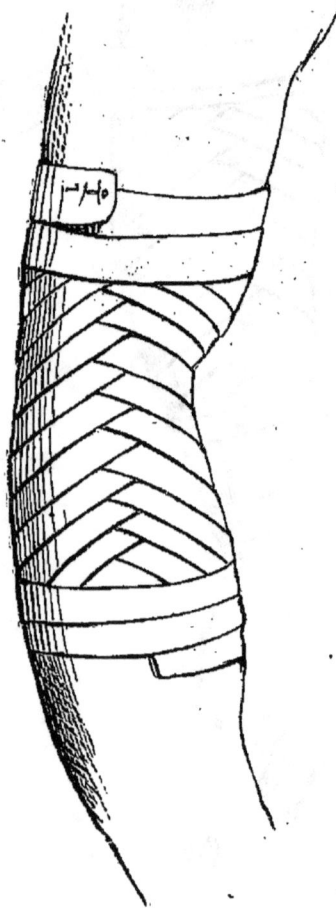

Application. — On fixe le chef initial par deux circulaires autour de l'extrémité supérieure de l'avant-bras; on remonte par des doloires qui se recouvrent aux deux tiers jusqu'au bras, en faisant autant de renversés qu'il est nécessaire (*fig.* 28).

Dans le bandage roulé du membre supérieur, il vaut mieux, après avoir fixé le chef initial, jeter le premier doloire sur le coude, puis les deux autres seront, l'un supérieur, l'autre inférieur au premier, de manière à pouvoir bien embrasser l'articulation, tout en lui permettant quelques mouvements de flexion et d'extension.

SPIRAL DU BRAS.

127. *Pièce du bandage.* — Bande longue de 4 mètres, large de 5 centimètres ou deux à trois travers de doigt.

Fig. 29,

Application.
— On fixe le chef initial par deux circulaires au - dessus du pli du bras, on remonte par des spires qui se re-couvrent à moi-tié jusqu'au creux de l'ais-selle, où l'on termine le ban-dage par un ou deux circulaires (*fig.* 29).

Usages.—Ce bandage sert à contenir les piè-ces d'appareil sur le bras.

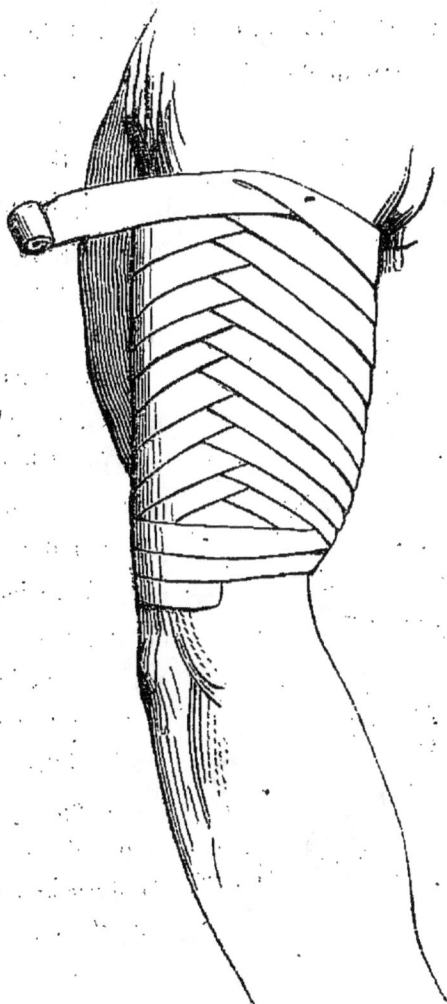

SPIRAL DU PIED.

128. *Pièce du bandage.* — Bande longue de deux mètres, large de quatre centimètres ou deux travers de doigt.

Application. — On fixe le chef initial par deux circulaires autour de la base des orteils. On dessine ensuite des spiraux qui se recouvrent aux deux tiers de la largeur de la bande jusqu'au coude-pied, en faisant quelques renversés de haut en bas, et on termine par deux ou trois circulaires. Pour donner plus de solidité au bandage, on peut le terminer en croisant le coude-pied avec le jet de bande faisant un circulaire autour des malléoles, et revenant jeter un nouveau jet oblique qui croise le premier sur le coude-pied, finir par un ou deux circulaires du pied (*fig.* 30.)

Usages. — On l'emploie pour des cas analogues à ceux qui réclament l'usage du spiral de la main.

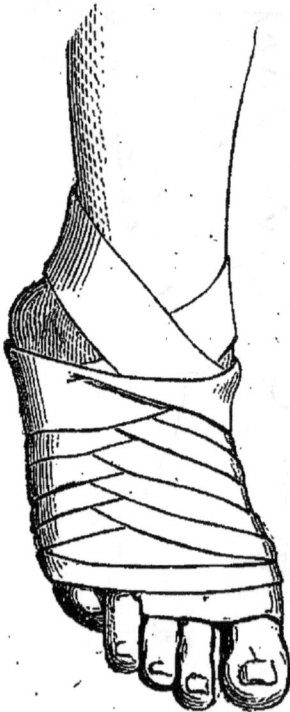

Fig. 30.

SPIRAL DE LA JAMBE.   *Fig.* 34.

129. *Pièce du bandage.* —Bande longue de 5 mètres, large de 5 à 6 centimètres ou trois travers de doigt.

Application. — On fixe le chef initial par deux circulaires autour des malléoles, on remonte de là jusqu'au genou par des doloires qui se recouvrent à moitié, et on termine par des circulaires. Comme la jambe a une forme conique, il est indispensable, pour éviter les godets, de faire de nombreux renversés, qui doivent toujours être pla-

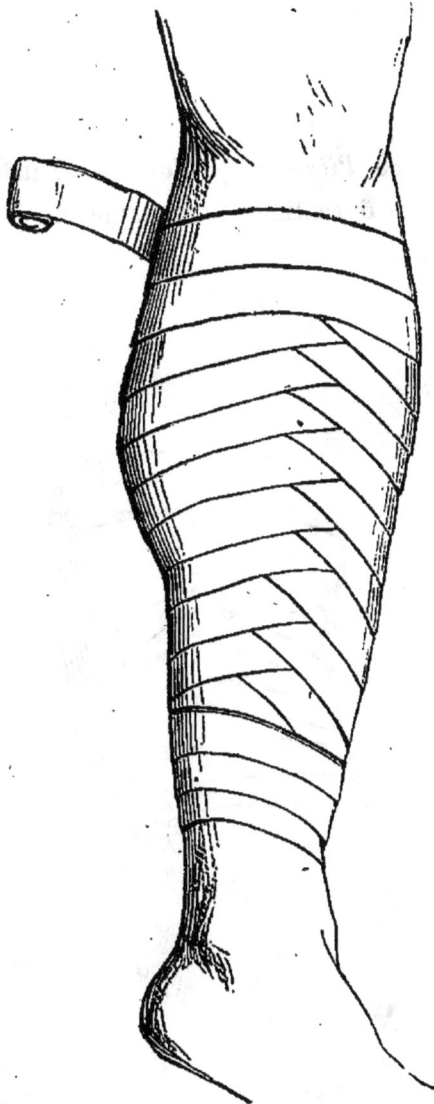

cés en dedans ou en dehors du membre, et jamais en avant (*fig.* 31).

Usages. — Il sert à maintenir des topiques sur la jambe, et doit toujours être médiocrement serré.

SPIRAL DU GENOU.

130. *Pièce du bandage.* — Bande longue de 3 mètres et de 5 centimètres de large ou deux à trois travers de doigt.

Fig. 32.

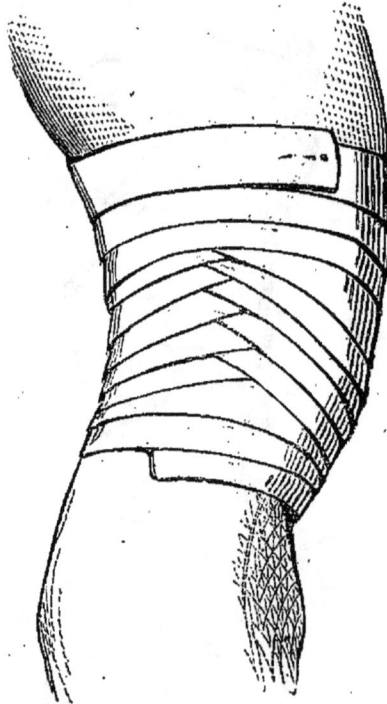

Application. — On fait deux circulaires au-dessous du genou; on recouvre le genou par des doloires en faisant des renversés, et l'on termine par des circulaires autour de l'extrémité inférieure de la cuisse (*fig.* 32).

Dans le bandage roulé du membre inférieur, les doloires doivent être appliqués sur le genou, comme il a été dit à l'art. 126, qui traite du spiral du coude.

SPIRAL DE LA CUISSE.

131. Pièce du bandage. — Bande de 5 mètres de long, sur 6 centimètres de large ou trois travers de doigt.

Fig. 33.

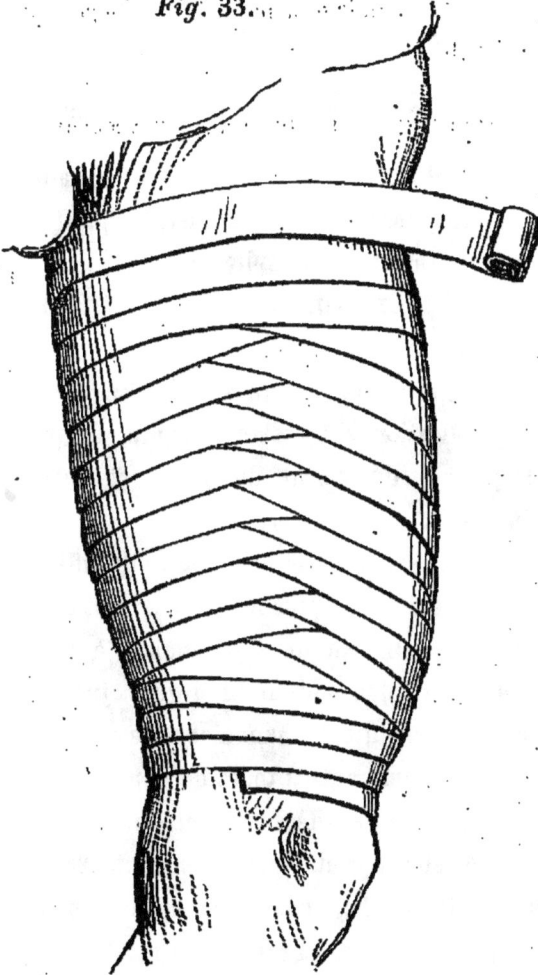

Application. — On fait deux circulaires au-dessus du
genou, et l'on remonte par des spiraux jusqu'à la partie
supérieure de la cuisse, en faisant autant de renversés qu'il
est nécessaire *(fig. 33.)*

Usage. — Ce bandage a les mêmes usages que le spiral de la jambe.

BANDAGE ROULÉ DE TOUT UN MEMBRE.

132. S'agit-il *du membre supérieur ?* il faut appliquer
le spiral de tous les doigts ou gantelet, le spiral de la main,
le spiral de l'avant-bras, le spiral du coude et le spiral du
bras, c'est-à-dire un bandage spiral qui s'étend de l'extrémité des doigts à l'épaule. *(fig. 34).*

Le bandage roulé de *tout le membre inférieur* se compose de l'application successive du spiral du pied, du spiral de la jambe, du spiral du genou et du spiral de la
cuisse *(fig. 35).*

Le spiral du pied dans le bandage roulé diffère du spiral
du pied qui a été décrit plus haut. Il se pratique de la manière suivante : On fait deux circulaires à la racine des
orteils, on décrit des spiraux imbriqués jusqu'au coude-
pied; on dirige ensuite la bande sous le talon, on revient
au coude-pied; deux autres tours de bande sont jetés sur
le talon, l'un un peu au-dessus, l'autre au-dessous du premier; arrivé sur le coude-pied, on contourne la partie
inférieure de la jambe, on passe sous la malléole pour
gagner la plante du pied et revenir au coude-pied; le globe

Fig. 34.

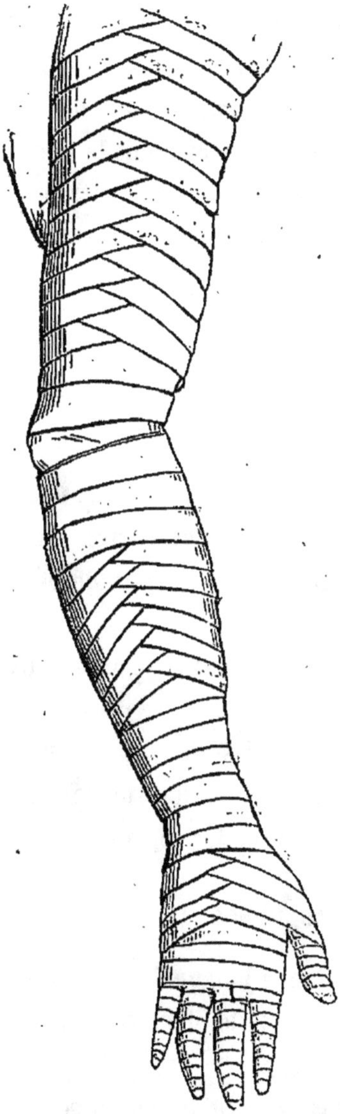

Fig. 35.

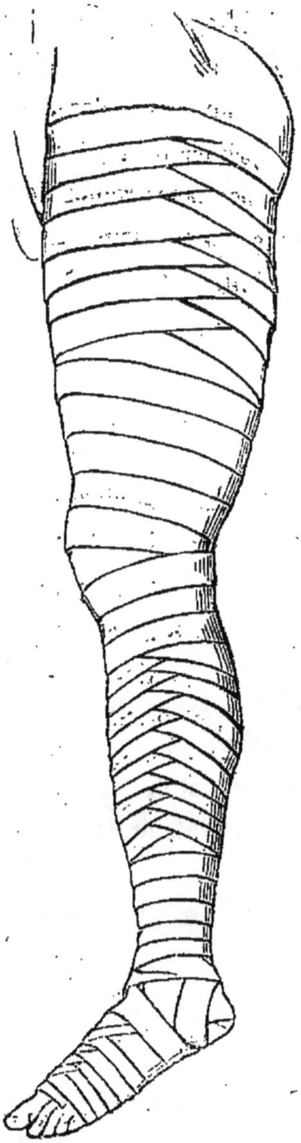

de la bande est encore dirigé vers la partie inférieure de la jambe, puis sous l'autre malléole, sous la plante du pied, sur le dos du pied, et décrit enfin quelques circulaires au-dessus des malléoles. Ce bandage a pour but de comprimer le pied et d'envelopper complétement le talon. Les bandages roulés des membrès sont toujours des bandages compressifs ; ils doivent donc être serrés assez fortement.

---

§ 4. — BANDAGES CROISÉS.

133. Les bandages croisés sont ceux qui, par l'entre-croisement des jets de bande, figurent des 8 de chiffre, aussi les désigne-t-on fréquemment encore sous le nom de bandages en 8 de chiffre.

Ils se pratiquent avec des bandes roulées à un ou à deux globes, et prennent des noms divers.

Ils s'appliquent sur toutes les parties du corps, et sont en général des bandages contentifs, c'est-à-dire ne servant qu'à maintenir des pièces d'appareil ou des topiques.

CROISÉ D'UN ŒIL OU MONOCLE.

134. *Pièce du bandage.* — Bande longue de 4 mètres 50 centimètres, large de 4 centimètres ou deux travers de doigt.

Application. — Après avoir couvert la tête d'un serre-tête, fixez le chef initial par deux circulaires horizontaux autour du front et de la tête ; dirigez-les de gauche à droite si l'on veut recouvrir l'œil gauche, dans la direction opposée si l'on veut recouvrir l'œil droit ; arrivé à la nuque,

portez la bande sous l'oreille du côté malade, sur l'œil qu'il faut recouvrir, sur le front, au-dessus de l'œil sain, au-dessus de la tempe, revenez à la nuque ; répétez deux ou trois fois ces tours obliques, et terminez par des circulaires autour du front (fig. 36).

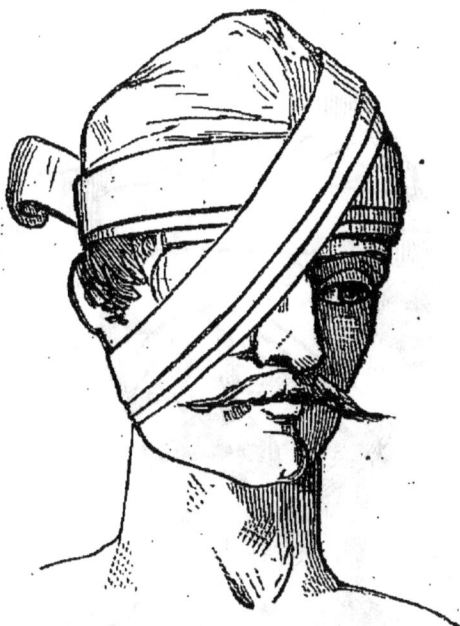

Fig. 36.

CROISÉ DES YEUX OU BINOCLE A UN GLOBE.

135. *Pièce du bandage.* — Bande longue de 6 mètres, large de 4 centimètres.

Application. — La tête étant recouverte d'un serre-tête, on fixe le chef initial par deux circulaires autour du front, en portant, par exemple, le globe de la bande de droite à gauche et d'avant en arrière; arrivé à la nuque, on le dirige sous l'oreille droite, sur l'œil droit, au-dessus de la tempe gauche, vers la nuque, puis vers le front jusqu'à la racine du nez, où il vient rencontrer la bande qui a déjà recouvert l'œil droit; portez-le ensuite vers la joue gauche, en croisant la bande appliquée sur l'œil droit, et en couvrant l'œil gauche de haut en bas, passez sous l'oreille gauche, et revenez à la nuque; décrivez de même deux ou trois croisés sur chaque œil, et terminez par des circulaires horizontaux (fig. 37).

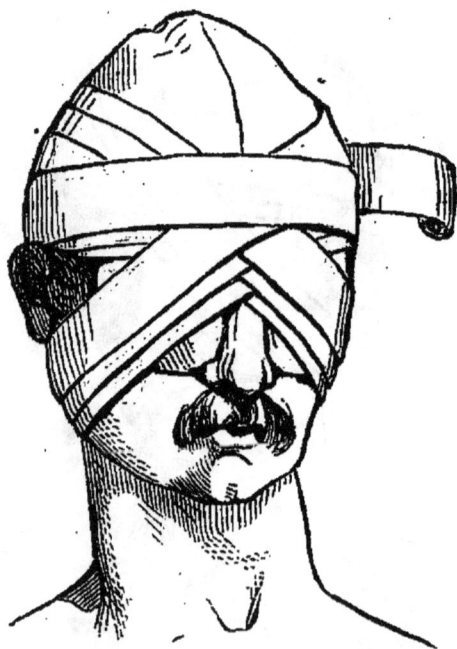

Fig. 37.

CROISÉ DES YEUX OU BINOCLE A DEUX GLOBES.

136. *Pièce du bandage.* — Bande longue de 8 mètres, large de 4 centimètres.

Application. — Après avoir recouvert la tête d'un serre-tête, appliquez le plein de la bande sur le front, croisez les deux globes à la nuque, en passant au-dessus des oreilles; décrivez ainsi deux circulaires; revenu à la nuque, dirigez-les sous les oreilles, sur les yeux; entre-croisez-les sur le front, revenez à la nuque, et, après avoir jeté ainsi trois tours de bande sur chaque œil, terminez par des circulaires horizontaux (*fig.* 38).

Fig. 38.

CROISÉ DE LA TÊTE ET DE LA FACE.

137. *Pièce du bandage.* — Bande longue de 4 mètres, large de 4 centimètres.

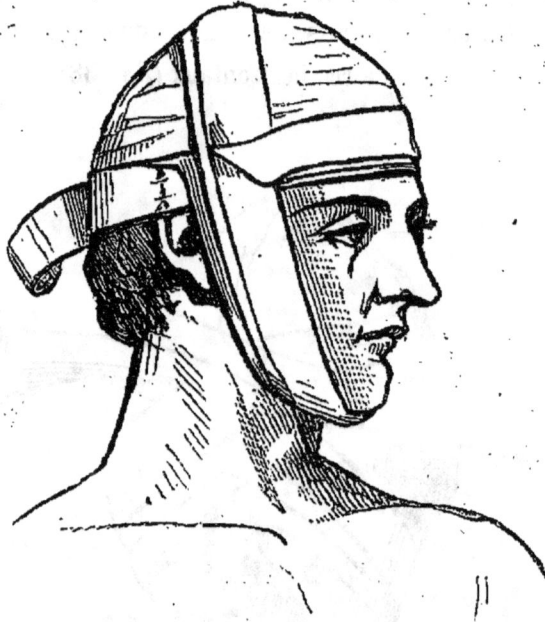

Fig. 39.

Application. — On décrit deux circulaires horizontaux autour du front et de la tête; on fixe la bande au niveau d'une des tempes avec la main gauche ou mieux avec une épingle, on descend, après avoir mollement renversé la bande, au-devant de l'oreille, sous le menton; on la dirige au-devant de l'oreille opposée, sur le sommet de la tête, puis sur le renversé; on fait ainsi deux ou trois circulaires verticaux complets; revenu à la tempe, on renverse de nouveau la bande, et on termine par des circulaires horizontaux (*fig.* 39).

CROISÉ DU COU ET DE LA TÊTE.

138. *Pièce du bandage.* — Bande longue de 4 mètres, large de 5 centimètres, ou deux travers de doigt à leur base.

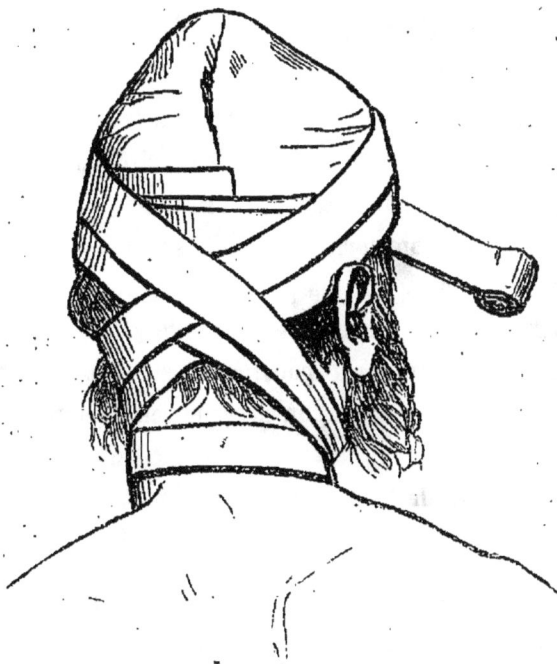

Fig. 40.

7.

Application. — Couvrez la tête d'un bonnet ou d'un serre-tête; faites deux circulaires horizontaux; descendez obliquement à la nuque, passez autour du cou, remontez à la nuque en croisant le premier jet de bande, revenez au front, puis à la nuque, et ainsi de suite jusqu'à l'épuisement de la bande. Il est bon, pour rendre le bandage plus solide, de le terminer par quelques circulaires horizontaux (*fig.* 40).

CROISÉ ANTÉRIEUR DES ÉPAULES.

139. *Pièce du bandage*. — Bande longue de 11 mètres, large de 4 centimètres ou deux travers de doigt.

Application. — Après avoir garni les aisselles de charpie ou de compresses, on fait deux circulaires autour de la partie supérieure du bras droit, par exemple; arrivé dans l'aisselle on porte la bande sur l'épaule gauche, en passant au-devant de la poitrine, on descend ensuite en arrière, on la ramène dans l'aisselle gauche; on remonte obliquement devant la poitrine et sur l'épaule droite, en croisant le premier jet, on descend en arrière, puis sous l'aisselle droite; on fait de la même manière les autres croisés de bande jusqu'à son épuisement (*fig.* 41).

Fig. 44.

CROISÉ POSTÉRIEUR DES ÉPAULES.

140. Ce bandage est l'inverse du précédent; on le fait
avec la même bande qui s'applique de la même manière,

mais en sens opposé, et tous les jets de bande viennent s'entre-croiser sur le dos (*fig.* 42).

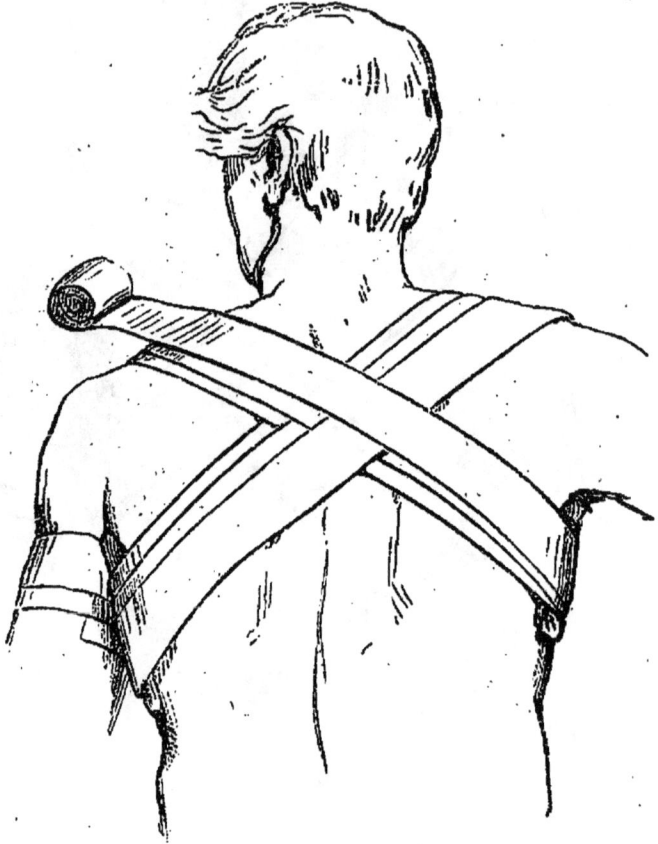

Fig. 42.

CROISÉ DU COU ET D'UNE AISSELLE.

41. *Pièce du bandage.* — Bande longue de 4 mètres, large de 4 centimètres ou deux travers de doigt.

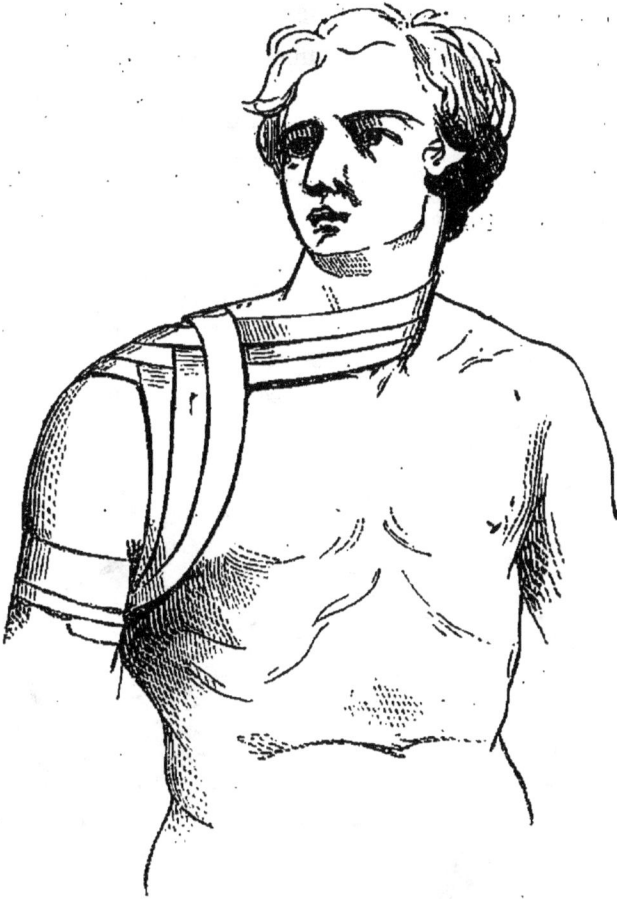

Fig. 43.

Application. — Fixez le chef initial à la partie supérieure du bras du côté malade, par deux circulaires, dirigez la bande sur l'épaule correspondante, sur le cou que vous contournez pour revenir sur l'épaule entre-croiser le

premier jet de bande; portez-la dans l'aisselle, et continuez ainsi jusqu'à l'épuisement de la bande (*fig.* 43).

CROISÉ D'UNE ÉPAULE ET DE L'AISSELLE OPPOSÉE.

142. *Pièce du bandage.* — Bande longue de 8 mètres,
large de 4 centimètres.

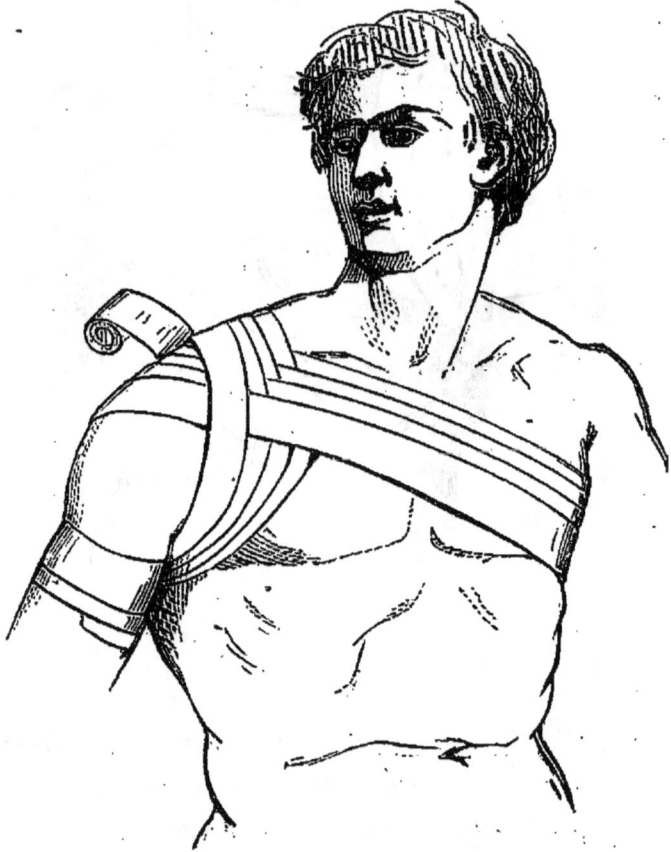

Fig. 44.

Application. — Après avoir garni les deux aisselles avec de la charpie ou des compresses, on fixe le chef initial par deux circulaires autour du bras du côté malade, en les faisant de dehors en dedans et d'avant en arrière; on remonte ensuite derrière et sur l'épaule, on conduit la bande sous l'aisselle du côté sain, en passant sur la partie antérieure de la poitrine; on passe derrière le dos, puis sur l'épaule, en entre-croisant le premier jet de bande, on revient à l'aisselle; on continue à décrire les mêmes contours, en recouvrant aux deux tiers les jets de bande, de manière à former sur l'épaule une imbrication en forme d'épi, qui a fait donner au bandage le nom de spica (*fig.* 44).

CROISÉ D'UNE MAMELLE.

143. *Pièce du bandage.* — Bande longue de 9 mètres, large de 6 centimètres ou trois travers de doigt.

Application. — On fixe le chef initial par deux circulaires horizontaux, au-dessous des mamelles, en allant de droite à gauche pour la mamelle droite, et de gauche à droite pour la mamelle gauche; veut-on recouvrir cette dernière, par exemple, montez sur l'épaule droite, descendez obliquement derrière le dos, faites un circulaire horizontal; arrivé sous la mamelle gauche, remontez sur l'épaule droite en recouvrant le premier jet de bande aux deux tiers, et continuez le bandage par des jets successivement obliques et circulaires jusqu'à l'épuisement de la bande (*fig.* 45).

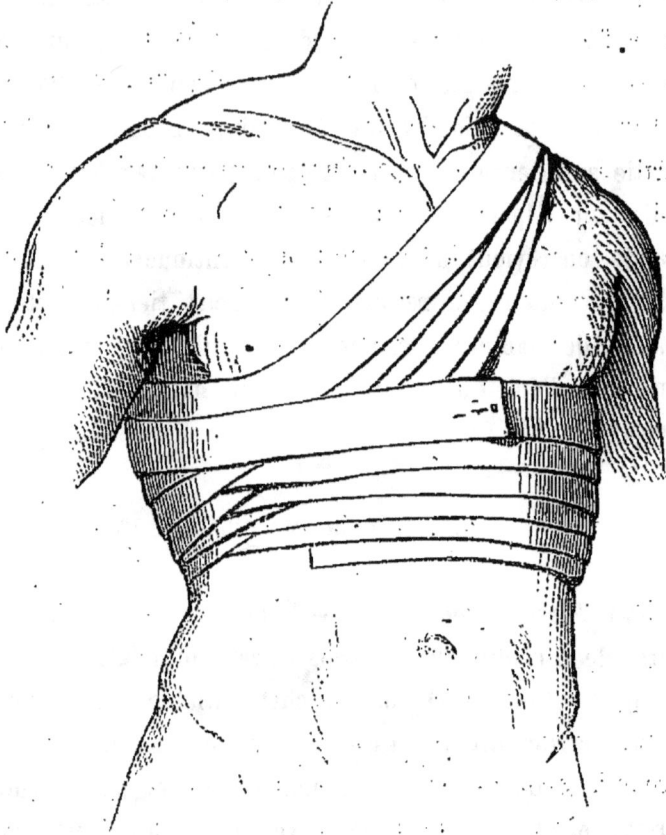

Fig. 45.

CROISÉ DES MAMELLES A UN GLOBE.

144. *Pièce du bandage.* — Bande longue de 11 mètres, large de 6 centimètres ou 3 travers de doigt.

Application. — On fait à chaque mamelle ce qu'on a fait à une seule dans le bandage précédent et on les recouvre de jets obliques alternativement; seulement les jets obliques sont ascendants pour une mamelle et descendants pour l'autre (*fig.* 46).

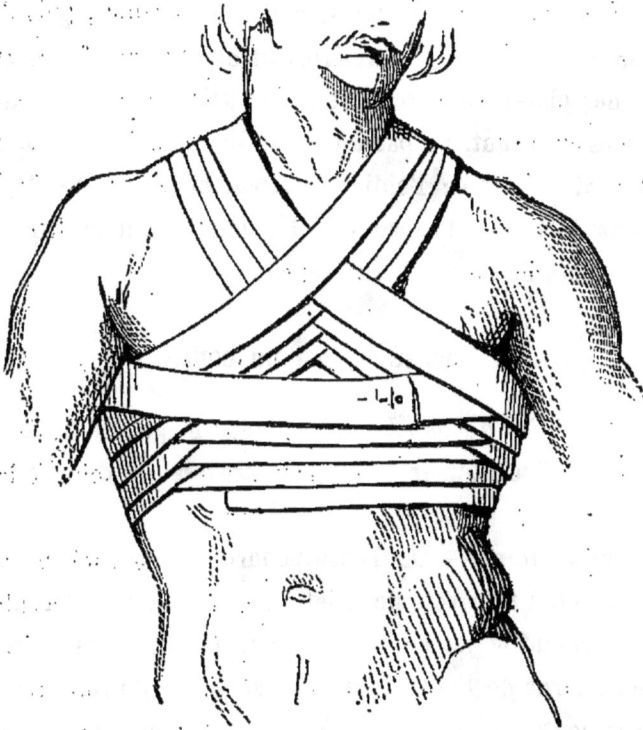

Fig. 46.

CROISÉ DES MAMELLES A DEUX GLOBES.

145. *Pièce du bandage.* — Bande longue de 11 mètres, large de 6 centimètres ou trois travers de doigt.

Application. — Appliquez le plein de la bande derrière le dos; croisez les deux globes sur la poitrine, entre les deux mamelles; dirigez-les sur les épaules, puis derrière le dos où ils s'entre-croisent de nouveau; faites avec un des globes un circulaire horizontal; ramenez les deux globes en avant, en passant sous les mamelles, et continuez ainsi jusqu'à l'entier épuisement de la bande, en prenant le soin de recouvrir les jets de bande dans les deux tiers de leur hauteur seulement.

CROISÉ DU PLI DU COUDE.

146. *Pièce du bandage.* — Bande longue de 2 mètres, large de 3 centimètres ou deux travers de doigt à leur base.

Application. — On laisse pendre sur le côté externe du bras 6 à 8 travers de doigt du chef initial; on conduit obliquement le jet de bande sur le pli du bras, vers le côté interne de l'avant-bras; on contourne l'avant-bras et on remonte obliquement le jet de bande sur le pli du bras en croisant le premier jet oblique; on passe derrière l'extrémité inférieure du bras, immédiatement au-dessus du coude, et l'on arrive au point de départ; on continue ainsi

jusqu'à l'epuisement de la
bande dont on noue le chef
terminal sur la face externe
de l'extrémité du bras avec
le chef initial que l'on a
laissé pendre; une rosette
consolide le nœud (*fig.* 47).

On peut ne pas laisser
pendre le chef initial et
fixer le chef terminal par
une épingle.

Fig. 47.

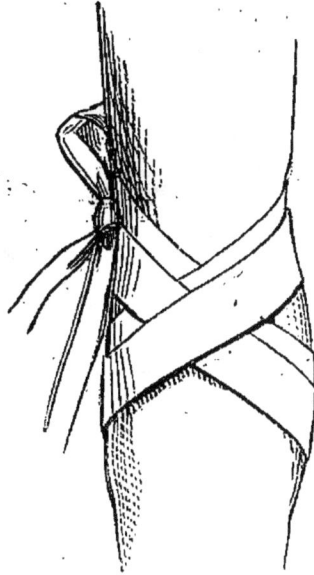

CROISÉ DU POIGNET ET DE LA MAIN.

147. *Pièce du bandage.* — Bande longue de 2 mètres,
large de 3 centimètres.

Application. — Fixez le chef initial par deux circulaires autour du poignet; portez obliquement le globe vers
la racine des doigts que vous entourez, à l'exception du
pouce, d'un circulaire horizontal; conduisez le globe au
poignet en croisant le premier jet de bande, et continuez
ainsi en terminant le bandage par des circulaires autour
du poignet.

Dans *le croisé postérieur*, les jets de bande s'entre-croisent sur le dos de la main (*fig.* 48); dans *le croisé antérieur*, ils s'entre-croisent, au contraire, dans la paume de la main.

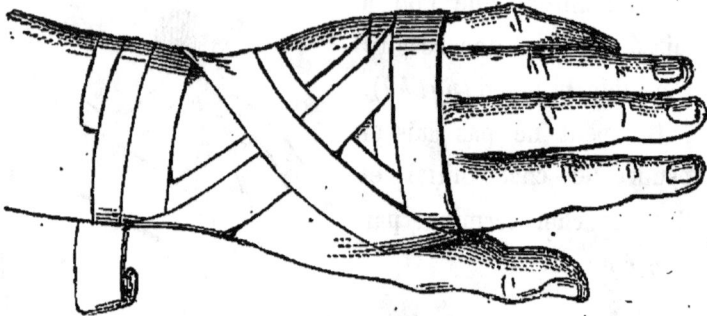

Fig. 48.

CROISÉ DU POUCE ET DU POIGNET.

148. *Pièce de bandage.* — Bande longue de 2 mètres, large de deux centimètres ou un travers de doigt.

Application. — Faites deux circulaires autour du poignet; descendez obliquement sur la face dorsale du pouce que vous contournez; revenez passer autour du poignet, en croisant le premier jet sur le dos du pouce ; on fait un demi-circulaire autour du poignet et l'on suit les mêmes contours jusqu'à la fin de la bande, en prenant le soin que chaque jet de bande recouvre à moitié celui qui le précède (*fig.* 49).

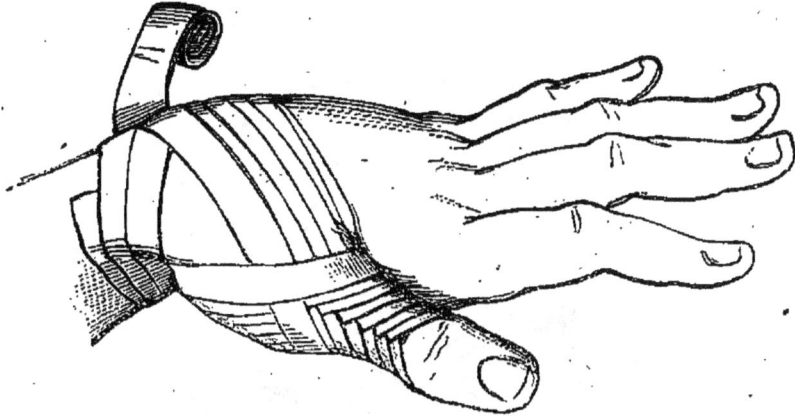

Fig. 49.

CROISÉ OU SPICA DE L'AINE.

149. *Pièce du bandage.* — Bande longue de 8 mètres, large de 4 centimètres.

Application. — Faites deux circulaires horizontaux autour du bassin; dirigez la bande en passant sur l'aine vers la partie interne de la cuisse; contournez celle-ci, croisez sur l'aine le premier jet de bande ; revenez au point de départ en contournant le bassin , décrivez les mêmes circuits, jusqu'à épuisement de la bande, en imbriquant de bas en haut les jets de bande, de façon à donner aux croisés faits sur l'aine la disposition de l'épi (*fig.* 50).

Fig. 50.

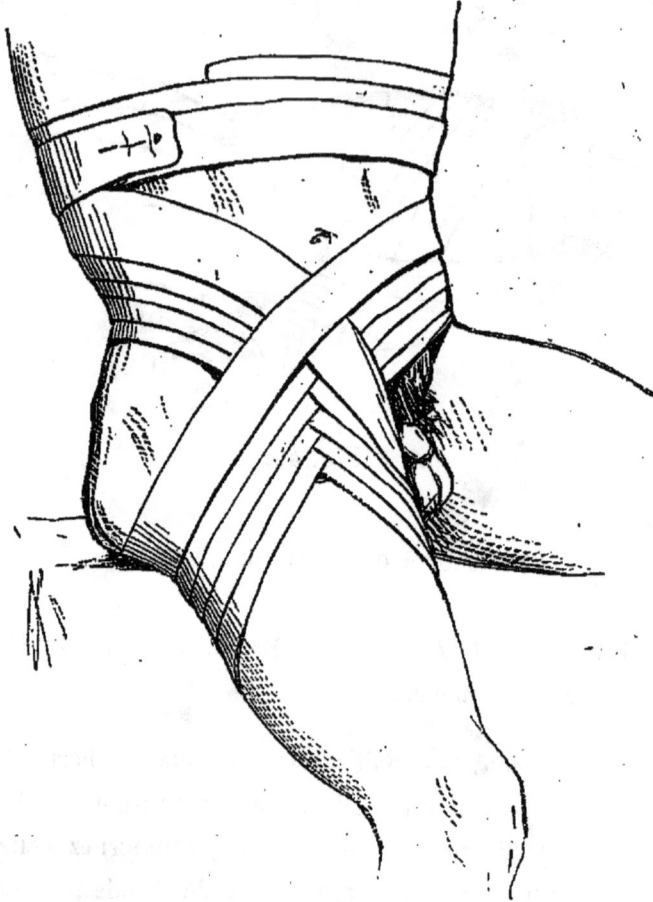

CROISÉ DES AINES OU SPICA DOUBLE.

150. *Pièce du bandage.* — Bande longue de 12 mètres, large de 4 centimètres ou 2 travers de doigt.

Application. — Faites deux circulaires autour du bas-

sin en tenant le globe dans la main droite, par exemple.;
descendez sur l'aine droite, sur le côté interne de la
cuisse du même côté, puis en arrière, en dehors, et croi-

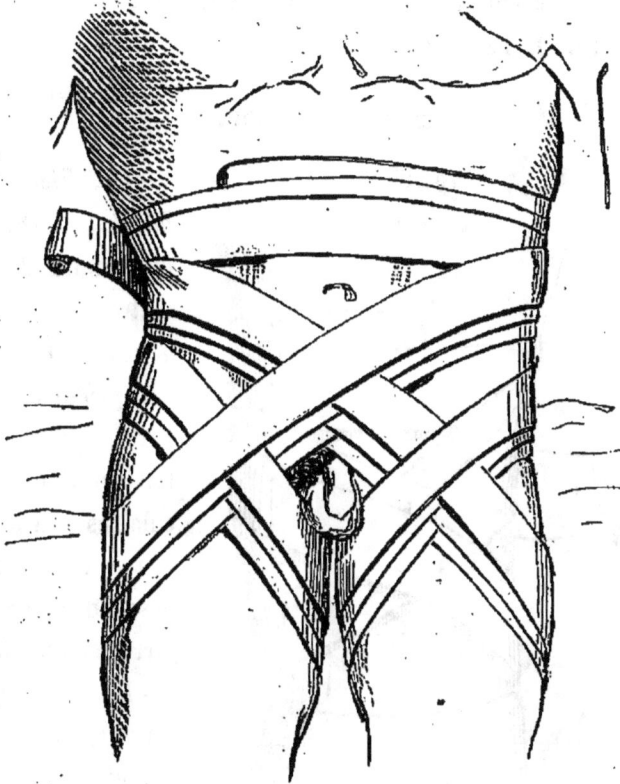

· *Fig.* 51.

sez la première circonvolution, comme dans le bandage
précédent ; décrivez un circulaire horizontal autour du
bassin; descendez sur l'aine gauche, sur le côté externe

de la cuisse du même côté; puis en arrière, en dedans; croisez le jet de bande de l'aine gauche; faites un demi-circulaire postérieur autour du bassin; revenez au point de départ et continuez de la même manière jusqu'à l'épuisement de la bande (*fig.* 54).

CROISÉ DU GENOU.

Fig. 52.

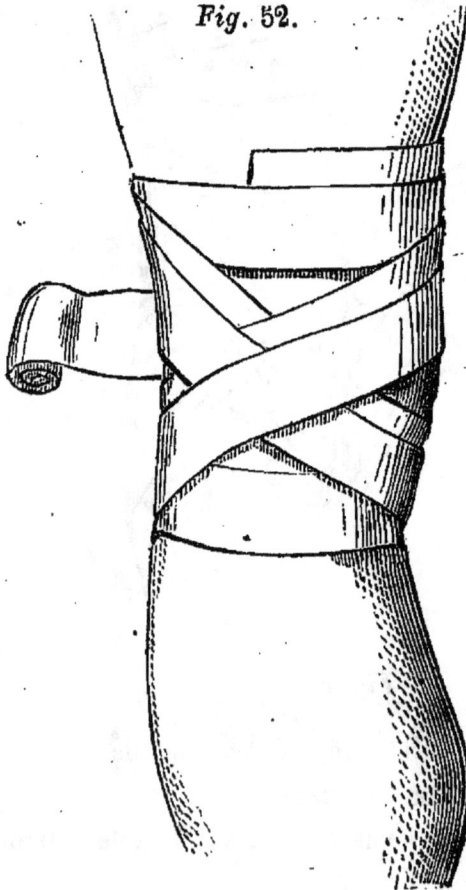

151. *Pièce du bandage.*—Bande longue de 4 mètres, large de 4 centimètres.

Application.—Fixez le chef initial par deux circulaires au-dessus du genou; descendez sur le jarret si vous faites le croisé postérieur, sur le genou même si vous faites le croisé antérieur; décrivez une circulaire au-dessous du genou,

remontez obliquement à la cuisse en croisant le premier
jet de bande ; faites un demi-circulaire au-dessus de la
même articulation, et continuez le bandage de la même
manière (*fig.* 52).

CROISÉ DU COUDE-PIED.

152. *Pièce du bandage.* — Bande longue de 2 mètres
50 centimètres, large de 4 centimètres.

Application. — Faites
deux circulaires à la partie
inférieure de la jambe, descendez obliquement sur le
coude-pied, faites un circulaire autour du pied, remontez obliquement sur le coude-pied en croisant la première circonvolution oblique, et continuez ainsi jusqu'à l'épuisement de la
bande que vous arrêterez
par des circulaires au-dessus des chevilles (*fig.* 53).

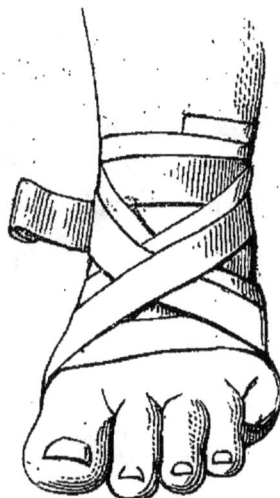

Fig. 53.

Au lieu de fixer le chef terminal par une épingle, on
peut encore laisser pendre en dehors du coude-pied un
bout du commencement de la bande que l'on noue avec
le chef terminal.

8

BANDAGE A ENTORSE.

153. *Pièce du bandage.* — Bande longue de 7 mètres, large de 3 centimètres.

Application. — Le chef initial étant appliqué sur un des côtés du talon, conduisez le globe sur le dos du pied qu'il croise au-dessous de la racine des orteils; revenez sur le dos du pied, où il entre-croise le premier jet de bande; arrivez sur le côté du talon opposé au point de départ, sur la face postérieure du talon (*fig.* 54), recouvrez le chef initial; continuez de décrire de bas en haut des 8 de chiffre qui se recouvrent aux trois quarts, jusqu'à ce que le pied soit entièrement recouvert, et terminez par des circulaires au bas de la jambe (*fig.* 55).

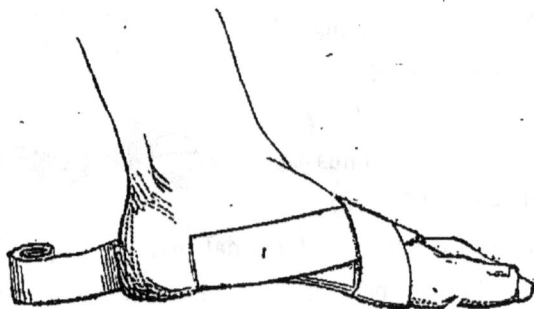

Fig. 54.

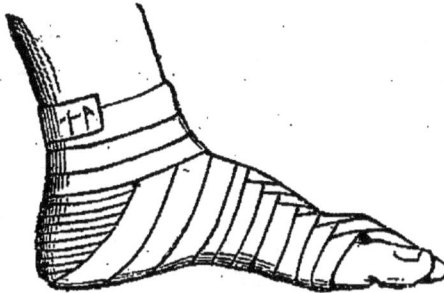

Fig. 55.

§ 5. — BANDAGES PLEINS.

154. Les bandages pleins sont ceux qui sont faits avec des pièces de linge entières et sans division.

PLEIN TRIANGULAIRE DE LA TÊTE.

155. *Pièce du bandage.* — Pièce de linge carrée de 90 centimètres de côté et pliée en triangle.

Application. — Saisissez la pièce avec les deux mains, les quatre doigts par-dessous, le pouce par-dessus et près de la partie moyenne du grand bord qu'on applique sur le front, dirigez vers la nuque les extrémités qu'on entre-croise et qu'on ramène horizontalement sur le front où on les fixe, soit par un nœud, soit avec des épingles ; tirez

sur la partie du triangle pendante à la nuque pour appliquer le plein plus exactement, et relevez-la par-dessus le
croisé pour la porter au sommet de la tête où elle est
attachée avec une épingle (*fig.* 56).

Fig. 56.

BANDEAU.

156. *Pièce du bandage.* — Compresse pliée en trois
ou quatre doubles, longue d'une fois et demie le tour de
la tête, large de 5 travers de doigt étant pliée ; on fait

une incision en T renversé à un centimètre d'un des bords.

Application. — Le nez est placé dans l'ouverture en T renversé, les deux chefs appliqués horizontalement sur les yeux, puis croisés en arrière et ramenés sur le côté de la tête où on les fixe (*fig. 57*).

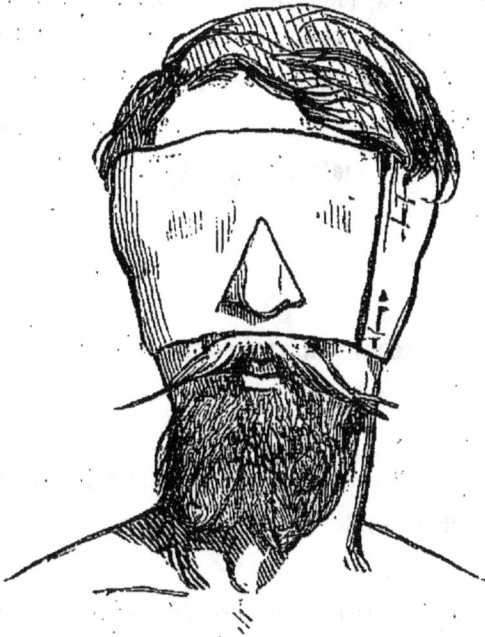

Fig. 57.

ÉCHARPE QUADRILATÈRE.

157. *Pièce du bandage.* — Pièce de linge longue de 1 mètre, large de 80 centimètres.

8.

Application. — Entourez la poitrine immédiatement au-dessous des seins avec un des grands côtés de la pièce de linge ; fixez-en les extrémités derrière le dos, soit par un nœud, soit par des épingles ; fléchissez l'avant-bras sur le bras et appliquez-le sur la poitrine ; relevez les deux bouts libres au-devant du coude, de manière à bien soutenir l'avant-bras ; l'extrémité du côté malade est portée sur l'épaule du même côté ; roulez le bord qui lui fait suite pour pouvoir engager l'autre extrémité sous l'aisselle du côté sain, et nouez-la en arrière avec l'extrémité qui passe sur l'épaule du côté malade (*fig.* 58).

ÉCHARPE TRIANGULAIRE.

158. *Pièce du bandage.* — Pièce de linge de 1 mètre carré, pliée en triangle.

Application. — Placez la base du triangle horizontalement au-dessous des seins, portez les deux extrémités en arrière, nouez-les un peu en dehors du dos sur le côté opposé au bras malade, ou fixez-les par des épingles ; relevez les angles du sommet après avoir fléchi l'avant-bras sur le bras, dirigez-les sur l'épaule du côté malade et fixez-les en arrière à la portion horizontale du

Fig. 58.

triangle après les avoir allongés d'une forte bande ou d'un autre lien (*fig.* 59).

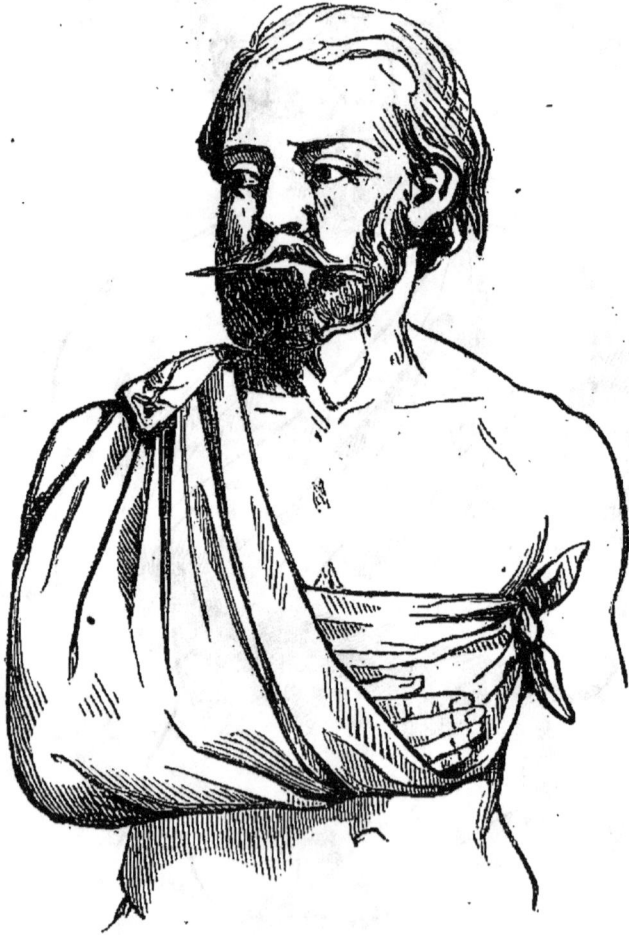

Fig. 59.

ÉCHARPE OBLIQUE.

159. *Pièce du bandage.* — Pièce de linge de 1 mètre
carré, pliée en triangle.

Fig. 60.

Application. — Placez la base du triangle sous l'avant-bras, fléchi à angle aigu, le sommet correspondant au coude; relevez obliquement les deux chefs, l'un en avant du bras, de l'avant-bras et de la poitrine, l'autre derrière le bras et le dos, jusqu'au-dessus de l'épaule du côté sain pour les nouer ensemble sur cette région; repliez en avant le sommet du triangle et fixez-le par une épingle sur le chef antérieur (*fig.* 60)

ÉCHARPE MOYENNE OU ORDINAIRE.

160. *Pièce du bandage.* — Pièce de linge de 1 mètre carré, pliée en triangle.

Application. — Placez la base du triangle sous l'avant-bras fléchi, le sommet dirigé vers le coude; relevez les deux chefs que vous nouez derrière le cou, en faisant passer l'antérieur sur l'épaule saine, le postérieur sur l'épaule malade. Si l'on ne veut pas embrasser le coude, on replie le sommet entre le plein et l'avant-bras; dans le cas contraire, contournez le coude d'avant en arrière et fixez-le au plein, entre le bras et la poitrine (*fig.* 61).

PETITE ÉCHARPE.

161. *Pièce du bandage.* — Grande compresse, pliée deux ou trois fois longitudinalement sur elle-même, et repliée en travers dans le milieu de sa longueur.

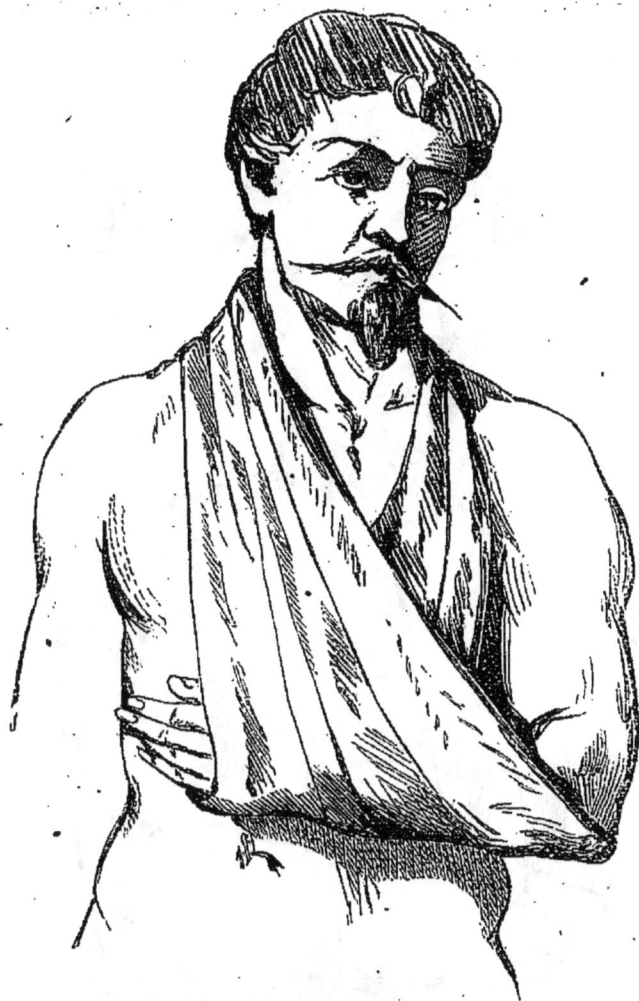

Fig. 64.

Application. — Engagez la main ou le poignet dans l'anse que forme cette compresse repliée, et fixez les deux extrémités aux vêtements du malade, par des épingles ou par un point de couture (*fig.* 62).

Fig. 62.

SECTION II. — BANDAGES COMPOSÉS.

162. Les bandages composés sont formés par la réunion de plusieurs pièces d'appareil ou par une seule pièce de linge présentant des divisions. Ils comprennent les bandages en T, en frondes, en suspensoirs, et les bandages lacés ou bouclés.

---

§ 1er. — BANDAGES EN T.

163. Ces bandages ont la forme de la lettre majuscule T; tantôt la branche verticale est unique, c'est le T simple; tantôt elle est double, ou bien encore divisée en deux parties, on a alors le T double.

T DOUBLE DE LA POITRINE (BANDAGE DE CORPS).

164. *Pièce du bandage.* — Pièce de linge de forme rectangulaire, faite avec deux épaisseurs de linge réunies à leur bord par une couture en surjet; elle doit avoir 20 centimètres de hauteur et une longueur égale à une fois et demie la circonférence de la poitrine. Sur le milieu d'un de ses grands bords sont cousues deux bandes de 50 centimètres de long et de 4 centimètres de large; ces bandes portent le nom de scapulaires.

Application. — Placez sur le dos le milieu du bandage,

9

ramenez les extrémités sous les bras et sur le devant de
la poitrine, où vous les fixez l'une sur l'autre avec plusieurs
épingles ; relevez les scapulaires sur les épaules, d'arrière
en avant, et fixez-les encore avec des épingles sur la pièce
de linge (fig. 63).

Fig. 63.

Ce bandage peut s'appliquer aussi sur le ventre; seulement, pour l'empêcher de remonter, on dirige les petites bandes, qui perdent le nom de scapulaires pour prendre celui de *sous-cuisses*, en dedans de chaque cuisse pour venir les fixer sur le devant du bandage.

T DOUBLE DU PÉRINÉE.

165. *Pièce du bandage*. — Pièce de linge de 20 centimètres de large sur 30 centimètres de long; on coud sur l'un des petits bords une bande d'une longueur égale à une fois et demie la circonférence du bassin; on incise ensuite dans une étendue de 10 centimètres le petit bord opposé, de façon que les deux chefs ne présentent à leur extrémité que 6 centimètres de largeur; à chacun de ces derniers est cousue perpendiculairement une bande de 70 centimètres de longueur.

Application. — Placez ce bandage autour du bassin, les deux chefs verticaux correspondant à la partie postérieure du corps; nouez les deux chefs horizontaux sur le ventre, ou fixez-les par des épingles; dirigez les deux chefs verticaux sous le périnée, où vous les croisez l'un sur l'autre, et conduisez-les obliquement entre les organes sexuels et la face interne des cuisses sur la partie transversale du bandage, où vous les fixez.

T DE L'AINE.

166. *Pièce du bandage*. — Pièce triangulaire de la grandeur de l'aine, cousue par un de ses petits côtés à une bande de deux travers de doigt de large et d'un mètre de long. A l'angle libre est cousu soit un petit ruban, soit une étroite bande de 50 centimètres de long.

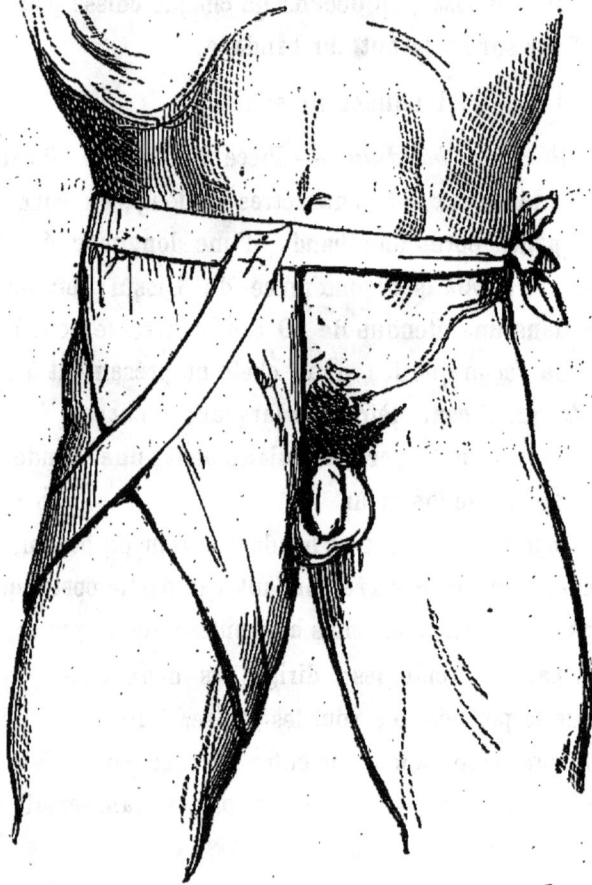

Fig. 64.

Application. — Le triangle est appliqué sur l'aine, le

bord cousu en haut et son côté oblique tourné en dehors ;
les chefs de la bande sont dirigés autour du bassin et
fixés ; le chef vertical est conduit entre les deux cuisses,
dans le pli de la fesse, et ramené en haut et en dehors
sur la bande transversale, où on le fixe (*fig.* 64).

§ 2. — FRONDES.

167. Les frondes sont des bandages formés d'une pièce
de linge plus longue que large, et fendue à ses deux extrémités, jusqu'à quelques travers de doigt du milieu de sa
longueur, en deux ou trois parties que l'on nomme *chefs ;*
la partie moyenne, non découpée, porte le nom de *plein.*

FRONDE DE LA TÊTE.

168. *Pièce du bandage.* — Pièce de linge d'un mètre
de long sur 45 centimètres de large ; pliez cette pièce en
deux, dans le sens de sa longueur, puis de sa largeur ; à
10 centimètres du côté des 4 bords simples, coupez à droit
fil quatre chefs jusqu'à deux travers de doigt et demi du
pli transversal ; à partir du même bord et à 5 centimètres des bords réunis deux à deux, faites une autre
incision qui vienne tomber à angles sur la fin de la première ; il résulte de ces incisions un plein central de 5
travers de doigt, et 6 chefs. Pour pouvoir appliquer facilement ce bandage, on le plie de la manière suivante : les
portions externes du plein sont renversées sur la portion

centrale, et les chefs qui leur correspondent successivement repliés suivant leur longueur sur cette portion centrale; on termine en pliant sur le tout les chefs moyens.

Application. — Placez la portion centrale du plein sur
le sommet de la tête, et les deux chefs qu'elle réunit sont
conduits et noués sous le menton; dépliez les chefs anté-
rieurs, renversez leur plein sur le front, conduisez-les
en arrière, croisez-les et venez les fixer sur les côtés de la
tête; dépliez les chefs postérieurs, renversez leur plein,
croisez-les sur le front et fixez-les ensuite par des épingles
(*fig.* 65.)

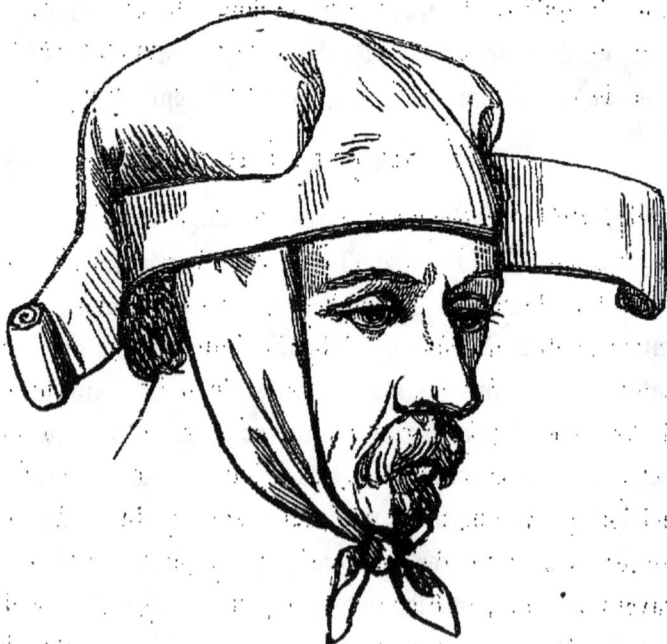

Fig. 65.

FRONDE DU MENTON.

169. *Pièce du bandage.* — Pièce de linge d'un mètre de long, de 12 centimètres de large, qu'on fend à chaque extrémité en laissant un plein intact de six travers de doigts au milieu.

Application. — Placez sur le menton le plein de la fronde; portez les deux chefs supérieurs à la nuque en passant sous les oreilles, entre-croisez-les et confiez-les à un aide; dirigez les deux chefs inférieurs en haut sur les joues, et fixez-les sur le sommet de la tête; reprenez les deux chefs supérieurs, et ramenez-les sur les tempes et sur le front où vous les fixez (*fig.* 66).

Fig. 66.

CARRÉ DE LA FESSE.

170. *Pièce du bandage.* — Pièce de linge de 20 centimètres carrés, cousue par deux de ses bords opposés sur le milieu de deux bandes longues d'un mètre.

Application. — Le plein est appliqué sur la fesse, deux chefs embrassent la racine de la cuisse, et les deux autres sont conduits autour du bassin.

---

§ 3. — SUSPENSOIRS.

171. Les suspensoirs ou bourses sont des bandages destinés à maintenir des topiques sur des parties rondes ou saillantes, ou à soutenir des organes qui, par leur propre poids, peuvent causer de la gène ou de la douleur.

SUSPENSOIR DES TESTICULES.

172. *Pièce du bandage*. — Pièce de linge qui, pliée en deux, forme un carré de 10 centimètres de côté. On enlève aux bords opposés au pli une portion de linge de forme semi lunaire, de manière à échancrer ces bords d'une épaisseur de 2 centimètres au milieu. On abat ensuite l'un des angles du pli par une incision courbe, en faisant la courbe aux dépens de cet angle et des bords qui lui font suite. On fait au-dessous de l'autre angle du pli une ouverture circulaire pour laisser passer la verge. On termine le bandage en cousant les bords courbes produits par la seconde incision; on y adapte deux rubans longs de 50 centimètres, et on coud une ceinture aux bords auxquels on n'a pas touché.

Application. — Les testicules sont placés dans la

poché que présente le bandage, la verge engagée dans l'ouverture circulaire; la ceinture embrasse le bassin, et les rubans sont dirigés de chaque côté sur le pli de la fesse, et amenés sur le ventre, où on les fixe à la ceinture.

SERRE-TÊTE.

173. *Pièce du bandage.* — Pièce de linge de 58 centimètres de long, sur 20 centimètres de large; repliez-là en deux suivant sa longueur. A partir de 10 centimètres de la duplicature, on fait une incision demi-circulaire, de manière que la largeur du pli ne soit plus que de 10 centimètres, et celle des bords opposés à ce pli de 15 centimètres; on coud ensemble les bords sur lesquels on a pratiqué cette incision demi-circulaire; on pratique sur les bords opposés à la duplicature une coulisse dans laquelle sont engagés 2 rubans qui fassent deux fois le tour de la tête, et on ourle seulement les autres bords.

Application. — Recouvrez-en la tête, portez vers la nuque la coulisse que vous serrez en tirant sur les cordons, et fixez ces derniers par un nœud et une rosette.

---

§ 4. — BANDAGES LACÉS.

174. Les bandages lacés sont ceux qui sont formés de pièces de linge que l'on fixe au moyen de lacets, par exemple; l'appareil lacé du tronc et des membres, ou

9.

camisole de force, qui sert à contenir un malheureux que le délire, la folie ou toute autre affection mentale peut porter à nuire à lui-même ou aux autres.

CAMISOLE DE FORCE.

175. *Pièce du bandage.* — Pièce de linge en forte toile, présentant la forme d'une camisole qui embrasse le tronc depuis la base du cou, le dessus des épaules jusque vers les flancs, et se prolonge sur les membres inférieurs par deux appendices terminés par des liens. Elle présente en avant deux séries de boutonnières, des manches complétement fermées, et des pattes au niveau des épaules, des coudes, des parties latérales du corsage et de l'extrémité inférieure des manches; dans toutes ces pattes sont fixés des liens.

Application. — La camisole placée, on la lace en avant avec un fort lien passé dans les boutonnières; deux liens passés dans les pattes des épaules sont fixés à la tête du lit; les liens des coudes et des parties latérales du corsage sont attachés aux côtés du lit; enfin, les quatre liens destinés à fixer les mains et les membres inférieurs sont arrêtés aux pieds du lit.

LIENS DE MAYOR.

176. Les liens de Mayor sont des bandages décrits avec le *mouchoir* ou pièce de linge carrée qui peut être pliée en *carré long*, en *triangle* et en *cravate*.

Toutes ces formes données au mouchoir sont faciles à comprendre; il faut toutefois remarquer que, dans le triangle, le grand bord se nomme *base*, que les deux bouts qui le terminent s'appellent *chefs*, et que l'angle opposé au grand bord est désigné sous le nom de *sommet*.

Dans ce système de déligation, les bandes sont complétement rejetées; on leur substitue les diverses modifications du mouchoir, avec lesquelles on exécute tous les bandages. Mayor a supprimé tous les noms étranges de monocle, binocle, spica, etc.; ceux qu'il donne à ses bandages sont basés sur l'anatomie; ils se composent en général de deux ou trois mots; il place en avant le nom de l'organe sur lequel est appliqué le milieu de la base du triangle. Cette nomenclature est simple et facile, mais elle exige des connaissances anatomiques; aussi a-t-on préféré ici, suivant que la pièce de linge est pliée en triangle, en cravate, en carré long, donner au bandage le nom de triangle, cravate, etc., suivi de celui de la région sur laquelle on l'applique. Toutefois, pour permettre de se reporter à la nomenclature de Mayor on a placé entre parenthèses, au-dessous de chaque nom de bandage, le nom correspondant de Mayor.

Leur exposition va être faite par régions, en commençant par la tête, puis le tronc, et en terminant par les membres.

Le tableau comparatif des divers bandages (modèle n° 40) est destiné à faciliter l'étude des liens de Mayor, et à établir les points de comparaison avec les bandages qui ont été déjà décrits pour les diverses parties du corps. Il est composé de trois colonnes : dans la première sont placés les bandages simples; la seconde est consacrée aux bandages composés, et dans la dernière sont rangés les liens de Mayor correspondant aux bandages simples et composés.

Triangle d'un œil.

(Oculo-occipital simple.)

177. *Pièce du bandage.* — Pièce de linge carrée de 70 centimètres de côté, et pliée en triangle.

Application. — Placez obliquement le milieu du grand bord sur l'œil malade qu'il recouvre; dirigez les bouts qui le terminent vers la nuque; l'un, le supérieur, passant sur le sommet de la tête, l'autre, au-dessous de l'oreille, du côté malade; entre-croisez-les et ramenez-les en avant où vous les fixez. Le sommet du triangle est relevé et fixé sur le sommet de la tête.

Triangle des yeux.

(Oculo-occipital double.)

178. *Pièce du bandage.* — Pièce de linge carrée de 70 centimètres de côté et pliée en triangle.

Application. — Placez le milieu de la base du triangle sur les yeux, le sommet dirigé en haut sur le sommet de la tête, puis renversé sur la nuque; croisez les deux chefs à la nuque sur le sommet du triangle, ramenez-les en avant, où vous les élargissez afin de recouvrir une plus grande étendue, et fixez-les avec des épingles; le sommet du triangle est relevé et fixé sur le sommet de la tête.

Triangle du menton.
(Occipito-mentonnier.)

179. — *Pièce du bandage.* — Pièce de linge carrée de 70 centimètres de côté, et pliée en triangle.

Application. — Placez la base sur le sommet de la tête, dirigez les deux chefs vers le menton, de telle sorte que celui du côté droit, par exemple, soit placé au-devant du menton, et que l'autre, en croisant par dessus, passe au-dessous du menton; portez-les ensuite sur les tempes, où vous les fixez par des épingles. Le sommet est ramené en avant, en passant sur les parties latérales de la tête, et fixé de même. *(fig. 67).*

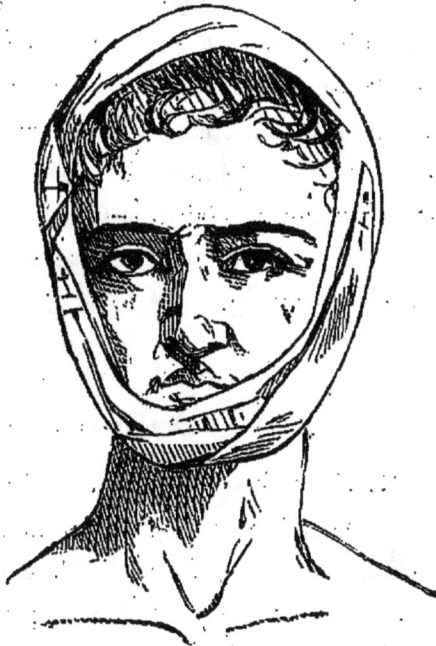

Fig. 67.

Triangle de la tête et du cou.

(Cravate circulaire cervicale composée.)

180. *Pièce du bandage.* — Deux pièces de linge carrées, de 70 centimètres de côté : une pliée en triangle, et l'autre en cravate prolongée à chacune de ses extrémités par un ruban de fil.

Application. — Placez sur le sommet de la tête la base du triangle; dirigez les deux chefs en arrière où vous les entre-croisez et ramenez-les en avant pour les fixer; laissez pendre son sommet jusque entre les deux épaules; appliquez par-dessus la partie moyenne de la cravate, portez les extrémités en avant où vous les entre-croisez, ramenez-les à la nuque, croisez-les obliquement en decendant derrière les épaules, passez sous les aisselles et nouez-les en avant au-dessus des mamelles. Relevez ensuite le sommet du triangle qui pendait entre les épaules, engagez-le sur le bord supérieur de l'entre-croisement de la cravate, et fixez-le par une épingle.

Triangle de la tête et de la face.

(Triangle bi-parieto-mentonnier.)

181. *Pièce du bandage.* — Pièce de linge carrée de 70 centimètres de côté, ou un triangle simple.

Application. — Placez la base sur le milieu de la tête, le sommet dirigé en arrière; portez les deux chefs sous le menton, où vous les entre-croisez, et fixez-les vers les oreilles; le sommet est ramené en avant, et assujetti au plein du triangle (*fig.* 68).

Fig. 68.

Grand plein quadrilatère.

(Grand couvre-chef.)

182. *Pièce du bandage.* — Pièce de linge longue de 1 mètre, large de 90 centimètres, et pliée suivant sa longueur, de telle sorte que l'un des bords dépasse l'autre de trois ou quatre travers de doigt; on forme par ce mode de plicature deux carrés longs, dont un plus petit que l'autre.

Application. — Placez cette pièce de linge préparée sur le milieu de la tête, la duplicature dirigée vers la nuque, le bord antérieur du petit carré, qui doit recouvrir le grand, correspondant aux arcades sourcilières; nouez sous le menton les deux chefs qui terminent le bord antérieur du petit carré; saisissez les extrémités correspondant au grand carré, et portez-les à la nuque pour les nouer par-dessus la duplicature; dans ce temps de l'application du bandage, il faut avoir soin de relever au-devant du front toute la portion excédante du grand sur le petit carré. —Les bords pendants sur les épaules sont ramenés en avant et engagés entre le bandage et les joues (*fig.* 69).

Fig. 69.

Triangle de la tête.

(Triangle fronto-occipital.)

183. *Pièce du bandage.* — Pièce de linge carrée de 70 centimètres de côté, pliée en triangle.

Application. — Il s'applique de la même manière que le plein triangulaire de la tête, décrit à l'article 155.

Cravate circulaire du cou.

(Cravate cervicale.)

184. *Pièce du bandage.* — Pièce de linge carrée de 70 centimètres de côté, pliée en cravate.

Application. — Placez sur un des points du cou le milieu de la cravate, dirigez les deux chefs du côté opposé où vous les entre-croisez, et fixez-les par un nœud ou des épingles.

Cravate oblique du cou et d'une aisselle.

(Cravate axillo-claviculaire.)

185. *Pièce du bandage.* — Cravate arge de 12 centimètres, faite avec une pièce de linge carrée de 70 centimètres de côté.

Application. — Placez le plein de la partie moyenne de la cravate sous l'aisselle malade, et portez les extrémités sur le côté opposé du cou pour les fixer par un nœud.

Cravate croisée du cou et d'une aisselle.

(Cravate axillo-cervicale.)

186. *Pièce du bandage.* — Une cravate faite avec une pièce de linge carrée de 70 centimètres de côté.

Application. — Placez le milieu du plein de la cravate dans le creux de l'aisselle; dirigez les deux chefs sur l'épaule, du même côté, pour les entre-croiser, et portez-les l'un en avant, l'autre en arrière du cou, où vous les nouez au côté opposé.

Cravate croisée d'une épaule et de l'aisselle opposée.

(Cravate bis-axillaire.)

187. *Pièce du bandage.* — Cravate faite avec une pièce de linge carrée de 70 centimètres de côté, ou avec un triangle coupé dans un carré de mêmes dimensions.

Application. — Placez le plein de la partie moyenne de la cravate dans l'aisselle malade, dirigez les chefs sur l'épaule du même côté pour les entre-croiser, et venez les nouer en avant de l'aisselle opposée, après les avoir fait passer l'un en avant, et l'autre en arrière de la poitrine (*fig.* 70).

Triangle de la poitrine et d'une épaule.

(Triangle thoraco-scapulaire.)

188. *Pièce du bandage.* — Pièce de linge carrée de 70 centimètres de côté, et pliée en triangle, ou un triangle simple coupé dans un carré de mêmes dimensions.

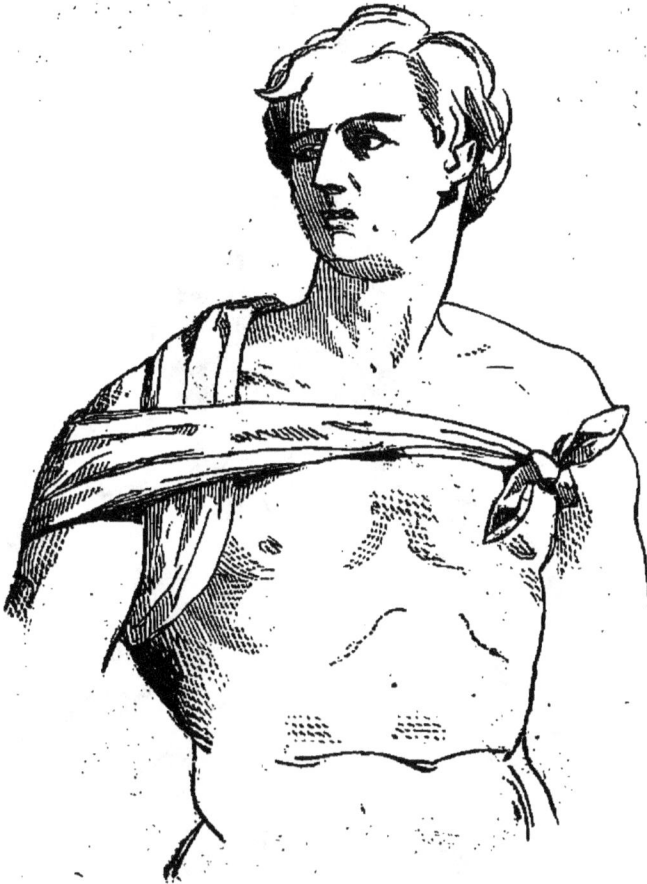

Fig. 70.

Application. — Placez la base du triangle horizontalement au-dessous des mamelons, dirigez les chefs en
arrière où vous les fixez ; relevez le sommet par-dessus
l'une ou l'autre épaule, et venez l'assujettir à la partie de

la base qui entoure la poitrine par l'intermédiaire d'un ruban, si le sommet ne peut y être attaché directement (*fig.* 71).

Fig. 71.

Cravate croisée des épaules.

(Cravate bis-axillaire antérieur.)

189. *Pièce du bandage.* — Cravate faite avec un triangle offrant 1 mètre 05 centimètres de côté.

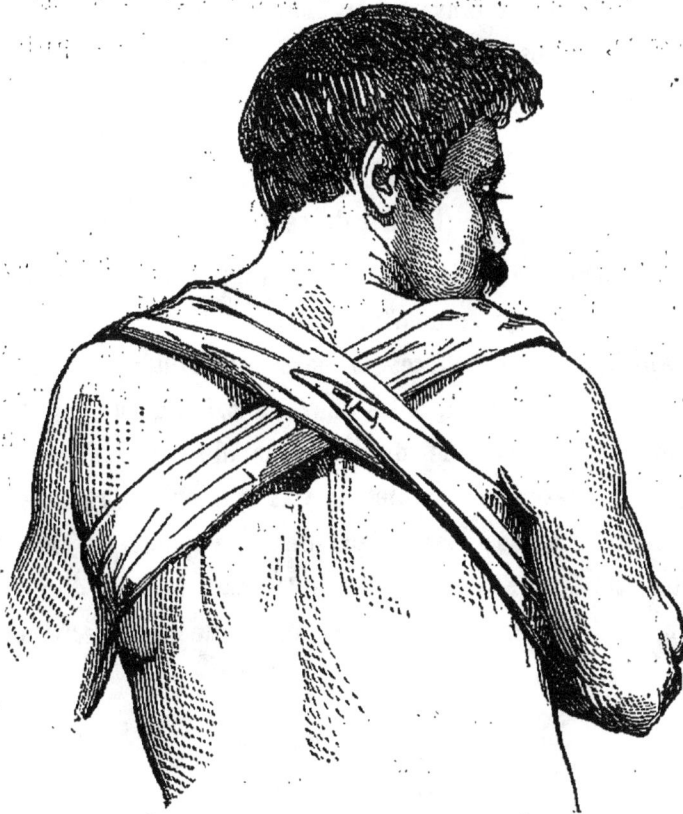

Fig. 72.

Application. — Placez le plein de la partie moyenne

de la cravate obliquement sur le dos, conduisez un des chefs sous une aisselle, l'autre sur l'épaule opposée, ramenez-les tous les deux en arrière, en contournant les épaules et fixez-les solidement l'un à l'autre (*fig.* 72).

Ce bandage peut être fait en sens inverse; les deux extrémités de la cravate sont alors fixées en avant sur la poitrine, après avoir entre-croisé le plein de la partie moyenne.

Triangle d'une mamelle.

(Bonnet du sein.)

190. *Pièce du bandage.* — Triangle coupé dans une pièce de linge carrée de 70 centimètres de côté.

Application. — Placez la base du triangle au-dessous de la mamelle; dirigez les deux chefs, l'un sur l'épaule, l'autre sous l'aisselle du côté malade, et fixez-les en arrière; relevez le sommet du triangle en embrassant la mamelle malade, passez par-dessus l'épaule du même côté, et attachez-le en arrière à la base, à l'aide d'un ruban, si le sommet ne peut y être attaché directement (*fig.* 73).

Triangle des mamelles.

(Bonnet des seins.)

191. *Pièce du bandage.* — Pièce de linge longue de 1 mètre, large de 70 centimètres, et pliée en triangle.

Application. — Placez horizontalement au-dessous des

Fig. 73.

mamelles la base du triangle, et fixez en arrière les deux
bouls; relevez ensuite le sommet en enveloppant les
mamelles, et nouez ensemble les deux pointes derrière le
cou.

Carré long de la poitrine.

(Rectangle dorso-thoracique.)

192. *Pièce du bandage.* — Une pièce de linge d'une longueur égale à une fois et demie la circonférence de la poitrine, et large de 20 centimètres, et un triangle coupé dans un carré de 70 centimètres de côté.

Application. — Placez la base du triangle derrière le cou, faites passer sur les épaules les deux chefs que vous fixez en avant, au carré long qui entoure la poitrine; le sommet du triangle pendant entre les deux épaules est attaché en arrière à cette même pièce de linge (*fig.* 74).

Carré long de l'abdomen.

(Rectangle lombo-abdominal.)

193. *Pièce du bandage.* — Une pièce de linge d'une longueur égale à une fois et demie la circonférence de l'abdomen, et large de 20 centimètres.

Application. — Le carré long est appliqué autour de l'abdomen, et ses extrémités sont fixées en avant l'une sur l'autre par des épingles.

Triangle de l'aine.

(Triangle cruro-inguinal simple.)

194. *Pièce du bandage.* — Triangle coupé dans un carré de 70 centimètres de côté.

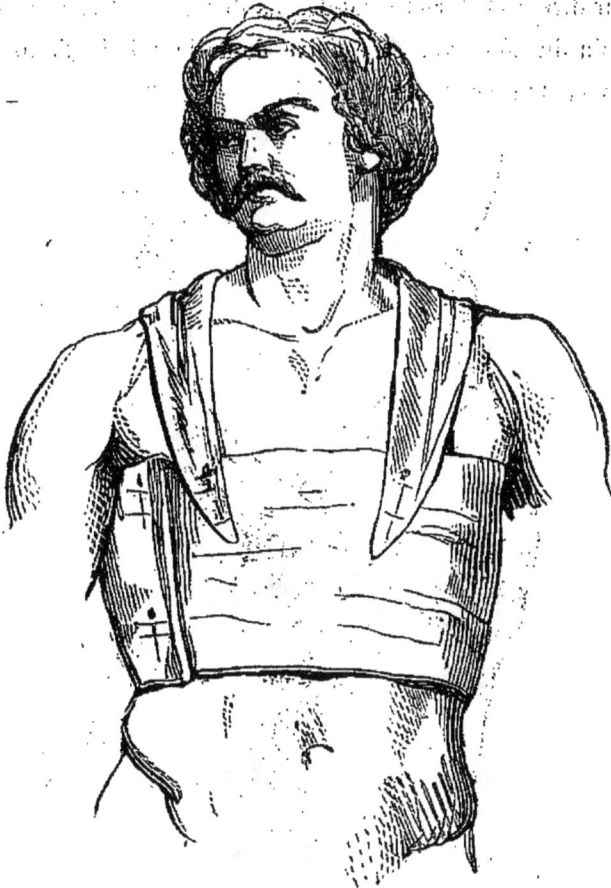

Fig. 74.

Application. — Placez obliquement le plein du triangle
derrière le bassin ; dirigez le chef inférieur en avant du
pli de l'aine, puis autour de la cuisse, et ramenez-le au
pli de l'aine ; le sommet porté entre les cuisses est fixé
au chef inférieur au niveau de l'aine ; enfin le chef supé-

rieur dirigé en arrière, au-dessus des fesses, contourne le bassin du côté sain et est fixé dans le pli de l'aine aux deux chefs précédents (*fig.* 75).

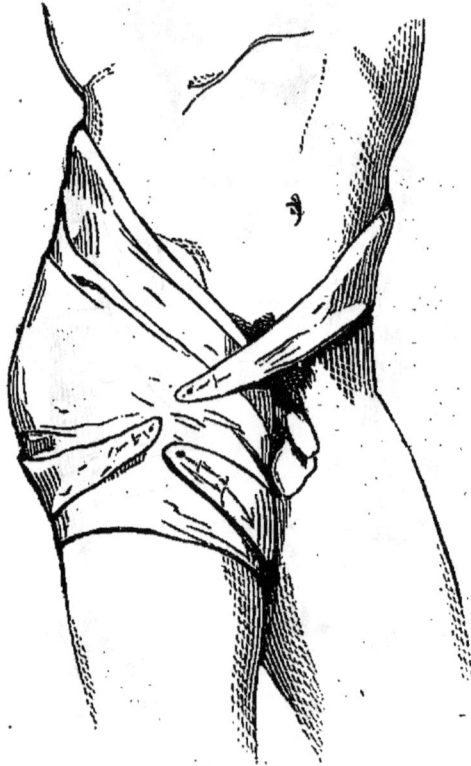

Fig. 75.

Cravate croisée de l'aine.

(Cravate cruro-inguinale simple.)

195. *Pièce du bandage.* — Cravate faite avec un triangle présentant 70 centimètres de côté.

Application. — Placez obliquement sur le pli de l'aine le plein de la cravate sur laquelle viennent se fixer les deux chefs, après avoir fait passer le chef supérieur autour du bassin, et le chef inférieur autour de la partie la plus élevée de la cuisse, ou bien encore nouez ensemble sur la hanche les deux extrémités de la cravate (*fig.* 76).

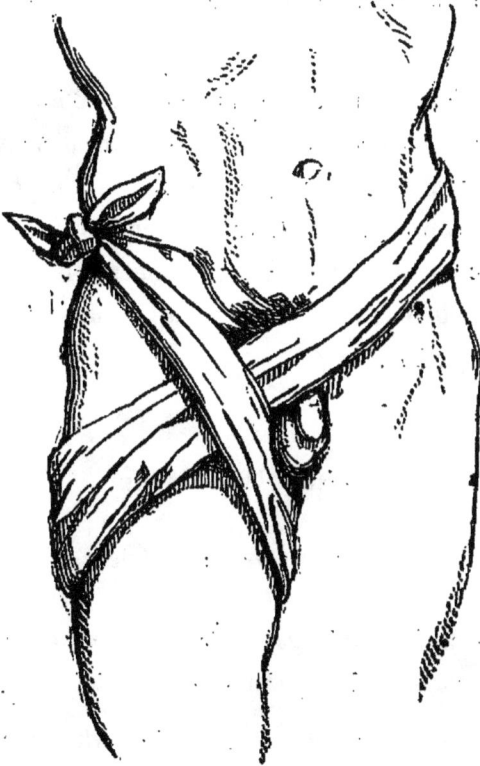

Fig. 76.

— 172 —

Cravate croisée des aines.

(Cravate cruro-inguinale double.)

196. *Pièce du bandage.* — Cravate faite avec un triangle coupé dans une pièce de linge carrée d'une longueur égale à deux fois au moins la circonférence du corps.

Application. — Placez le milieu du plein de la cravate sur la partie postérieure du bassin, dirigez les deux chefs horizontalement en avant et de chaque côté; passez sur les régions inguinales correspondantes, contournez les cuisses, de dedans en dehors, et ramenez-les sur les plis de l'aine, où vous les fixez à la partie du bandage qui les recouvre (*fig.* 77).

Triangle du bassin.

(Triangle pelvien postérieur.)

197. *Pièce du bandage.* — Triangle fait avec une pièce de linge carrée de 70 centimètres de côté.

Application. — Placez la base du triangle horizontalement autour du bassin, le sommet pendant entre les deux fesses; fixez les chefs sur le ventre, et passez le

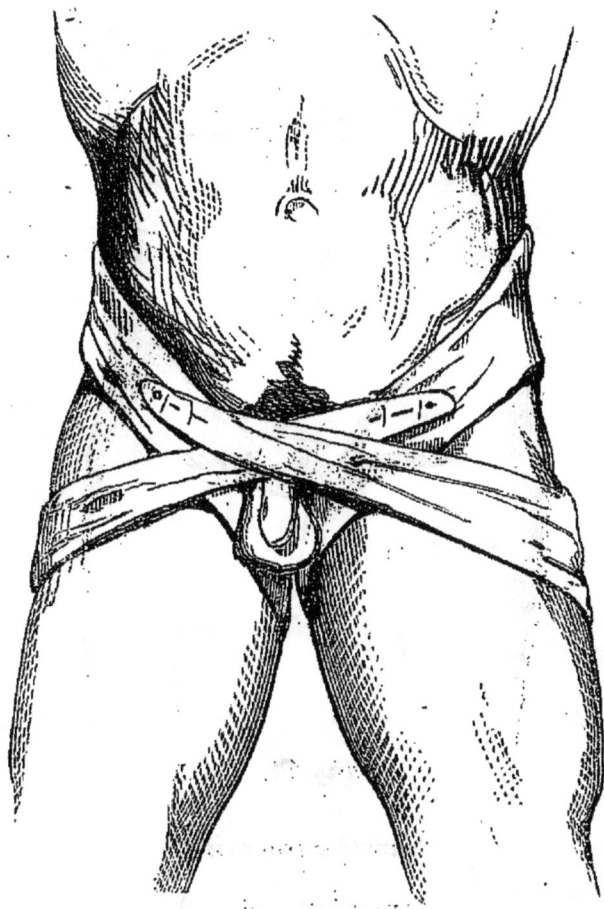

Fig. 77.

sommet entre les cuisses pour venir l'attacher à la base
du triangle (*fig.* 78).

10.

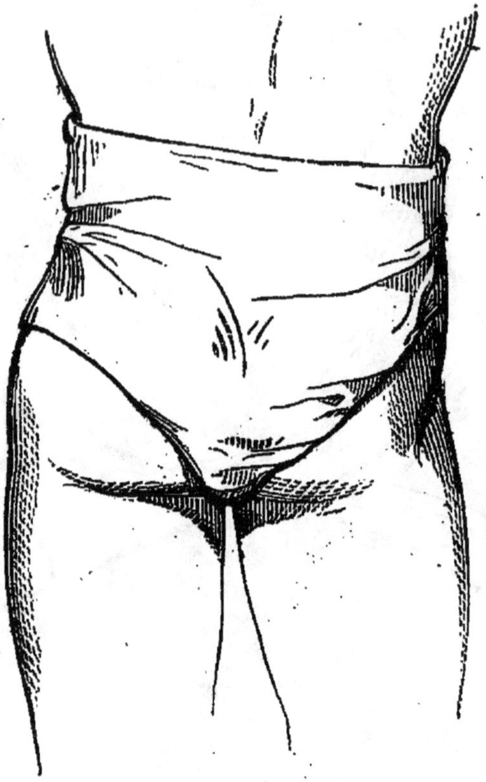

Fig. 78.

Cravate entre-cuisse.

(Cravate inter-cuisse.)

198. *Pièce du bandage.* — Deux cravates faites avec des triangles coupés dans des pièces de linge carrées de 70 centimètres de côté.

Application. — Placez une cravate en ceinture autour

du bassin ; appliquez le plein de la seconde cravate entre
les deux cuisses, et fixez-en les extrémités à la première,
en avant et en arrière.

Triangle de la fesse.

(Bonnet de la fesse.)

199. *Pièces du bandage.* — Une cravate et un triangle faits avec des pièces de linge carrées de 70 centimètres de côté.

Application. — Disposez en ceinture autour du bassin
une cravate que vous nouez sur le ventre ; fixez sur la
ceinture le sommet du triangle après l'avoir engagé sous
la cravate ; enveloppez la fesse dans le plein du triangle,
et contournez la cuisse avec les deux chefs que vous arrêtez par une rosette (*fig.* 79).

Triangle des testicules.

(Triangle scroto-lombaire.)

200. *Pièces du bandage.* — Une cravate faite avec
une pièce de linge carrée de 70 centimètres de côté, et
un triangle coupé dans un carré de mêmes dimensions.

Application. — Disposez la cravate en ceinture autour
du bassin ; placez le milieu de la base du triangle sous
les testicules ; conduisez les deux chefs sur le bord supérieur de la cravate, puis en arrière, de manière à former
une anse qui embrasse la ceinture ; portez-les en dedans
l'un vers l'autre, après avoir embrassé leur partie ascen-

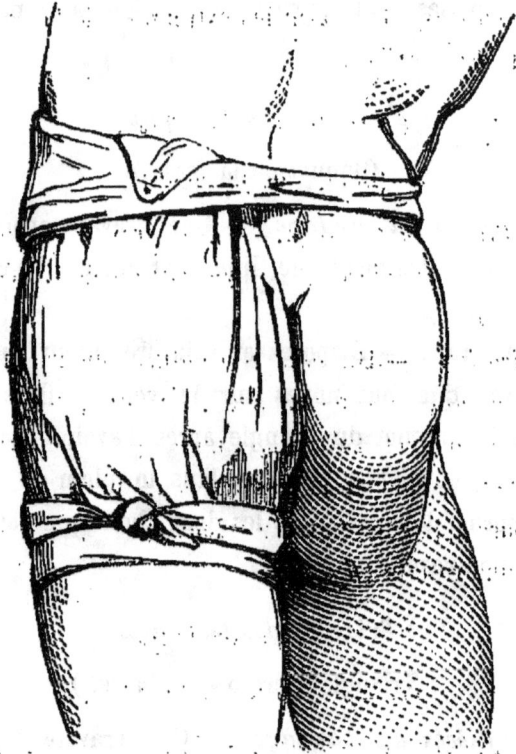

Fig. 79.

dante, et nouez-les sur la partie médiane. — Le sommet
est préalablement relevé sur la verge, conduit sous la
face postérieure, puis antérieure de la cravate, où il est
fixé avec une épingle (*fig.* 80).

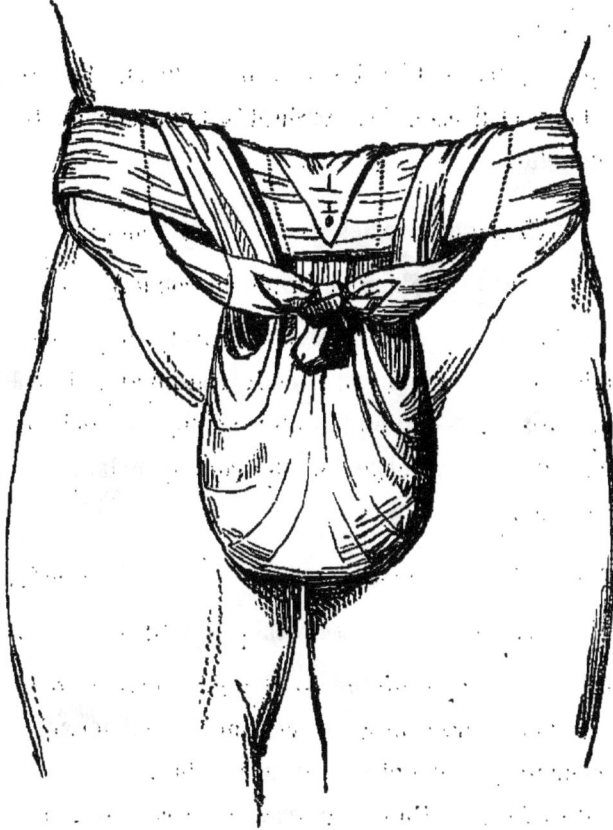

Fig. 80.

Carré long du bras ou de la cuisse.

(Rectangle brachial ou fémoral.)

201. *Pièce du bandage.* — Une pièce de linge carrée
pliée en carré long qui présente 5 à 6 centimètres de lar-

geur, et, en longueur, une fois et demie la circonférence du membre.

Application. — Placez sur le bras ou sur la cuisse le carré long, et fixez-en les extrémités l'une sur l'autre par des épingles.

Cravate croisée du pli du coude.
(Cravate simple du pli du coude.)

202. *Pièce du bandage.* — Cravate faite avec un triangle coupé dans un carré de 70 centimètres de côté.

Application. — Elle doit être appliquée de la même manière que le bandage simple correspondant décrit à l'article 146.

Carré long de l'avant-bras ou de la jambe.
(Rectangle anti-brachial ou tibial.)

203. *Pièce du bandage.* — Pièce de linge carrée pliée en carré long, large de 4 à 5 centimètres et longue d'une fois et demie la circonférence du membre.

Application. — Entourez avec ce carré long l'avant-bras ou la jambe, et arrêtez par des épingles les deux extrémités placées l'une sur l'autre.

Cravate croisée du poignet et de la main.
(Cravate carpo-métacarpienne.)

204. *Pièce du bandage.* — Cravate faite avec un triangle coupé dans un carré de 70 centimètres de côté.

Application. — Décrivez sur la face antérieure ou postérieure de la main un 8 de chiffre, comme il a été dit à l'article 447.

Cravate croisée du poignet et du pouce.
(Cravate carpo-digitale.)

205. *Pièce du bandage*. — Cravate préparée avec un triangle simple coupé dans un carré de 42 centimètres de côté.

Application. — Décrivez autour du poignet et du pouce un 8 de chiffre, comme il a été dit pour le bandage simple correspondant à l'article 148.

Triangle du poignet et des doigts.
(Triangle carpo-digital.)

206. *Pièce du bandage*. — Un triangle simple coupé dans une pièce de linge carrée de 50 centimètres de côté.

Application. — Placez le milieu de la base sur le poignet ; renversez le sommet sur la face dorsale ou palmaire des doigts et du poignet ; prenez des deux mains les deux chefs et épuisez-les autour du poignet en passant par-dessus le sommet.

Carré long d'un doigt.
(Rectangle digital.)

207. *Pièce du bandage*. — Carré long de 2 centimè-

tres de largeur et d'une fois et demie la circonférence du
doigt en longueur.

Application. — Placez sur le doigt ce carré long que
vous assujettissez avec un fil.

Cravate croisée du genou.
(Cravate fémoro-tibiale.)

Fig. 81.

208. *Pièce du ban-
dage*. — Une cravate
faite avec un triangle
simple coupé dans un
carré de 70 centimètres
de côté.

Application.—Placez
la partie moyenne de la
cravate au-dessus du ge-
nou; décrivez un circu-
laire, croisez les deux
moitiés soit dans le creux
du jarret, soit sur le genou même, et ramenez-
les autour de la jambe,
où vous nouez les chefs
(*fig. 81*).

Triangle de la jambe.
(Triangle tibial.)

209. Pièce du bandage. — Un triangle coupé dans un carré de 70 centimètres de côté.

Application. — Placez le triangle derrière la jambe, de telle sorte que la base soit dirigée de bas en haut, et de dedans en dehors, le côté inférieur perpendiculaire à l'axe de la jambe, et le troisième parallèle à cette dernière, dont elle doit être distante de 6 centimètres ou 3 travers de doigt. — Contournez la jambe avec le bord qui lui est parallèle, engagez-le entre le membre et le plein du mouchoir ;

Fig. 82.

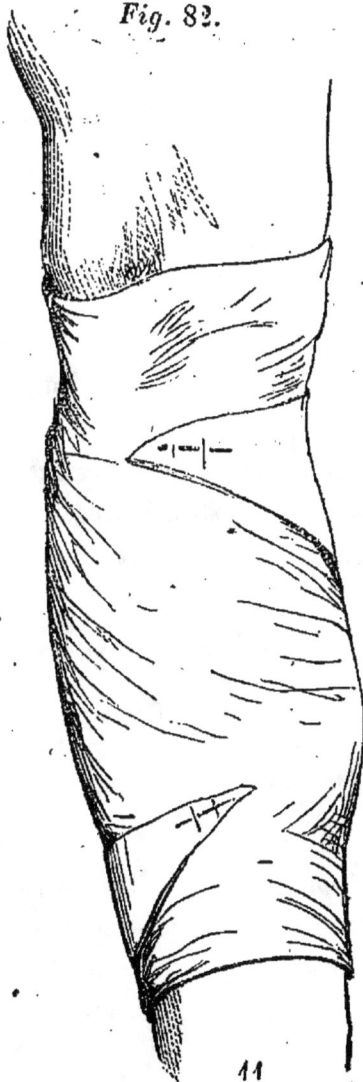

11

portez autour de la jambe le bord qui lui est perpendiculaire, fixez-le par une épingle, renversez sur le plein l'extrémité supérieure de la base et terminez par un circulaire qui passe au-dessous du genou (*fig.* 82).

Triangle du talon.

(Bonnet du talon.)

210. *Pièce du bandage*. — Un triangle pris dans un carré de 42 centimètres de côté.

Application. — Placez la partie moyenne de la base du triangle sous la plante du pied, le sommet dirigé vers le talon; croisez les chefs sur le coude-pied, conduisez-les horizontalement au-dessous de la partie inférieure de la jambe, en passant sur le sommet, préalablement relevé derrière le membre, et fixez-les par une rosette.

Cravate croisée du pied et de la jambe.

(Cravate tarso-tibiale.)

211. *Pièce du bandage*. — Une cravate faite avec un triangle pris dans un carré de 70 centimètres de côté.

Application. — Placez la partie moyenne de la cravate sous la plante du pied, décrivez un circulaire complet avec un des chefs; croisez-les sur le coude-pied et portez-les autour de la jambe où vous les fixez.

Triangle du pied.

(Triangle tarso-malléolaire.)

212. *Pièce du bandage.* — Un triangle simple pris dans une pièce de linge carrée de 56 centimètres de côté.

Application. — Placez le milieu de la base du triangle obliquement sur le coude-pied, le sommet dirigé vers le talon ; contournez les malléoles avec l'extrémité supérieure ; dirigez le chef inférieur sous la plante du pied ; fixez-le à la racine des orteils après avoir décrit un circulaire ; portez le sommet sous la plante du pied et venez sur le coude-pied le fixer au plein du triangle (*fig.* 83).

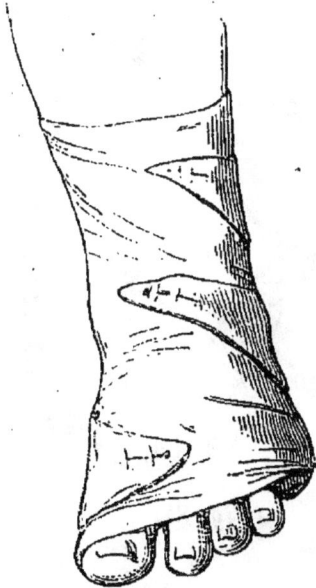

Fig. 83.

Triangle des moignons.

(Bonnet des moignons.)

213. *Pièce du bandage*. — Un triangle dont la grandeur doit varier suivant le volume des moignons.

Application. — Placez sous le moignon la partie moyenne de la base du triangle, renversez le sommet sur la face opposée, et fixez-le avec les deux chefs de la base qui contournent le moignon (*fig.* 84).

Fig. 84.

QUATRIÈME PARTIE.

DÉMONSTRATION DU CAISSON D'AMBULANCE.

214. Le caisson d'ambulance est un fourgon destiné à transporter le matériel des ambulances. — Ce matériel est réparti dans des caisses et des paniers numérotés dont la forme et les dimensions ont été appropriées à la disposition intérieure du caisson (*Modèle nº 11*).

Il est généralement attribué quatre caissons, avec chargements complets, à l'ambulance de chaque-division d'infanterie, et trois à celle de chaque division de cavalerie.

Le caisson d'ambulance renferme 2,000 pansements divers, savoir :

Pansements généraux		1500
Idem	spéciaux (fractures diverses)	20
Idem	accessoires, tels qu'écharpes, bandages de corps, etc.	210
Grand linge pour réserve et pansements imprévus		270

2,000

Il contient, en outre, des médicaments, des objets mobiliers, des instruments de chirurgie et des ustensiles.

Tout ce matériel est placé dans dix-neuf paniers en osier et deux caisses en bois, dont le détail et la situation dans le caisson sont les suivants :

PLAN INFÉRIEUR.

PANIER N° 1.

9 kilos de charpie de fil.

PANIER N° 2.

9 kilos de charpie de fil.

PANIER N° 3.

2 biberons.
25 grammes de coton pour mèches.
1 seringue à piston.
1 vase en fer-blanc contenant 3 kilos d'huile d'olive.
1   *idem*   1 kilo d'huile à brûler.

1 boîte contenant :
- 3 litres d'alcool à 22° en 2 flacons.
- 3 litres de vinaigre en 2 flacons.
- 2 kilos d'acétate de plomb liquide en 1 flacon.
- 1 kilo mélange solidifiable en 1 flacon.

1 boîte contenant 3 kilos 500 grammes de sel gris.
50 bouchons de liége assortis.
1 poêlon en fer battu étamé.
1 mortier en marbre blanc avec son pilon en buis.
1 pierre à repasser.

PANIER Nº 4.

1 bidon.
2 bougeoirs.
2 cuillères à bouillon.
10 écuelles de 1 litre.
1 écumoire.
30 gobelets.
2 lanternes à bougie.
1 lanterne avec lampe et capsule.
10 pots à tisane de 1 litre.
1 seau à bouillon.
2 couteaux de cuisine.
1 crémaillère de campagne.
2 fourchettes à distribution.
2 marmites en fer battu étamé.

1 sac d'outils con-
tenant. . . . .
{
1 paire de ciseaux.
1 marteau.
1 tenaille.
1 ciseau à froid.
1 tiers-point.
1 tire-fond.
2 vrilles.
1 clef anglaise.
2 kilos de clous.
}

PANIER Nº 5.

Grand linge à pan-
sement. · · · · ·
{
6 draps.
12 coussins de blessés, garnis.
25 écharpes.
}

5 bandages herniaires assortis.
3 kilos 500 grammes de coton cardé, dans un sac.

6 bandes de carton.

3 sacs à denrées.

2 kilos de clous.

1 kilo de ficelle.

Appareils à frac-
tures en fil de
fer. . . . . . . {
2 pour cuisses.
4 pour jambes.
1 pour bras.
4 pour avant-bras.

Attelles assorties.. {
8 pour fractures de cuisses.
10 pour fractures de jambes.
1 pour fractures de bras.
20 pour fractures d'avant-bras.
3 équerres semelles.
5 palettes palmaires.

PLAN INTERMÉDIAIRE.

PANIER N° 6.

Grand linge à pansement : 12 draps.

PANIER N° 7.

7 kilos de charpie de fil.

2 kilos de crin frisé dans un sac.

PANIERS N°ˢ 8 à 13.

contenant chacun :

Grand linge à pansement, 150 bandes roulées assorties.

Petit linge à pan-
sement. . . . . {
300 compresses assorties.
7 compresses fenêtrées.
1 paquet de lambeaux.

3 kilos de charpie de fil.

CAISSE N° 14.

3 appareils de chirurgie contenant chacun. .
$\left\{\begin{array}{l}\end{array}\right.$
30 bandes roulées.
50 compresses assorties.
1 compresse fenêtrée.
500 grammes de charpie.
1 seringue à injection.
1 boîte d'appareil.
1 capsule d'appareil.
4 petits flacons carrés.
1 verre pour ventouse.
1 éponge.
125 grammes de sparadrap.
25 grammes d'agaric amadouvier.
125 épingles.

Grand linge préparé. . . . . .
$\left\{\begin{array}{l}\end{array}\right.$
18 bandages de corps.
8 *idem* carrés.
5 *idem* en T.
8 *idem* triangulaires.
4 écharpes.
5 suspensoirs.

Petit linge, 16 compresses fenêtrées.

15 aiguilles dans un étui.

1000 épingles.

4 éponges fines.

100 grammes de fil à coudre.

87 grammes 1/2 de fil à ligature.

30 mètres de ruban de fil pesant 125 grammes.

11.

PLAN SUPÉRIEUR.

PANIER Nº 15.

Même composition que les paniers 8 à 13.

PANIER Nº 16.

8 musettes en coutil ⎰ 30 bandes roulées.
  dont 4 garnies ⎱ 50 compresses assorties.
  chacune de.... ⎰ 1 *idem* fenêtrée.

PANIER Nº 17.

Même composition que les paniers 8 à 13.

PANIER Nº 18.

Grand linge préparé. ⎰ 5 bandages à fractures de cuisses.
  5 *idem* de jambes.
  5 *idem* de bras.
  5 *idem* d'avant-bras.
  6 coussins de blessés, garnis.

Appareils à fractures ⎰ 4 pour cuisses.
  en fil de fer .... ⎱ 2 pour jambes.
  2 pour bras.
  2 pour avant-bras.
  2 équerres-semelles.
  5 palettes palmaires.

PANIER Nº 19.

6 bandes de carton.
4 kilos 500 grammes de charpie de fil.
2 appareils de chirurgie garnis comme ceux de la caisse
  nº 14.

PANIER N° 20.

1 boîte contenant :
- 1 assortiment de médicaments.
- 21 flacons assortis.
- 2 pots en faïence.
- 24 sondes d'hommes.
- 2 sondes œsophagiennes.
- 1 spatule à grains.
- 1 trébuchet.
- 10 broches de liége.

1 boîte à amputation et à trépan n° 2, avec étui.
1 boîte de couteaux de rechange n° 4, avec étui.

1 boîte contenant :
- 2 kilos de gomme arabique.
- 2 kilos de sucre.
- 2 kilos de cire jaune.
- 1 kilo de sparadrap.

1 boîte contenant :
- 30 bougies stéariques.
- 30 bougies de cire.

1 boîte contenant :
- 5 mains de papier.
- 24 plumes.
- 3 canifs.
- 6 crayons.

1 kilo de savon.
8 tabliers d'officiers de santé.
6 *idem* d'infirmiers.
14 serviettes.
8 torchons.
3 encriers de corne.
2 bougeoirs.
1 lanterne à bougie.
1 boîte à briquet.
15 aiguilles dans un étui.

100 grammes de fil à coudre.
500 grammes de coton cardé.

CAISSE N° 21.

3 appareils de chirurgie comme ceux de la caisse n° 14.

Grand linge préparé.
- 18 bandages de corps.
- 8 *idem* carrés.
- 5 *idem* en T.
- 8 *idem* triangulaires.
- 40 écharpes.
- 5 suspensoirs.

Petit linge, 14 compresses fenêtrées.
15 aiguilles dans un étui.
1000 épingles.
4 éponges fines.
100 grammes de' fil à coudre.
87 grammes 1/2 de fil à ligature.
30 mètres de ruban de fil pesant 125 grammes.

OBJETS EN VRAGUE.

3 couvertures de laine grise sous enveloppe.
3 sangles de brancards.
6 bretelles *idem.*
6 hampes *idem.*
1 porte-hampe.
1 table d'opération à dossier.
1 bêche.
1 hache.
1 pioche.
1 serpe.
1 scie à main.
1 cadenas pour fermer le caisson.

EXERCICES PRATIQUES POUR ENLEVER ET TRANSPORTER LES BLESSÉS.

215. Pour assurer le transport des blessés tombés sur le champ de bataille, il a été affecté à chaque ambulance un certain nombre de litières, de cacolets et de brancards.

Les caissons employés pour le matériel décrit à l'article 214, peuvent aussi être mis en usage pour transporter les blessés. — Dans cette prévision, ils ont été suspendus sur ressorts, et quelques-uns disposés intérieurement de manière à former de longues banquettes situées le long des parois latérales de la voiture.

Les cacolets sont des fauteuils destinés à être accrochés par paire au bât d'un mulet. — Formés de montants en fer, articulés à charnière, ils peuvent se replier complétement, et, indifféremment, être placés soit à droite, soit à gauche du bât. Deux courroies, partant du siège, pendent verticalement et soutiennent une petite planchette horizontale sur laquelle doivent reposer les pieds du blessé ; une ceinture en cuir, fixée au dossier, sert à maintenir le malade, qui est assis, le visage tourné vers la tête du mulet.

Les litières sont des couchettes en fer que l'on suspend par paire au bât d'un mulet ; on les distingue en litière de droite et litière de gauche, suivant qu'elles doivent être placées aux flancs droit ou gauche de l'animal. — Les blessés y sont couchés, la tête dirigée en avant, et le corps mis à l'abri des intempéries par un rideau placé sur un cerceau mobile.

Les brancards dont on se sert en campagne sont composés de deux hampes indépendantes et d'une toile solide représentant un carré long, à double coulisse dans chacune desquelles, quand on veut monter le brancard, on fait entrer une des hampes, pour l'en retirer à volonté lorsque le besoin a cessé. — Les deux petits bords de la toile sont fixés sur deux traverses en bois terminées chacune par deux pieds, et percées de trous dans lesquels on fait passer les hampes avant de .les engager dans les coulisses de la toile. — Des courroies à boucles fixent les traverses aux hampes, et enfin des brételles en cuir offrant, à droite et à gauche, une anse très-forte dans laquelle on fait entrer la poignée du brancard, servent à soulager les membres supérieurs, et à reporter la charge sur les épaules, qui doivent principalement la porter.

Il est besoin d'une certaine habitude pour remuer un blessé, pour l'enlever et le charger sur un des moyens de transport qui viennent d'être exposés. — C'est moins par la force que par l'adresse qu'on y réussit, et celle-ci ne s'acquiert que par des exercices. — Qu'on se figure un homme blessé étendu par terre, ayant une cuisse brisée ou une jambe emportée, s'il est relevé par des hommes non exercés, qui ne sauront pas soutenir en même temps le membre ; s'il est jeté brusquement sur une litière ou un brancard, au lieu d'être déposé avec douceur ; si chacun confusément veut concourir à ce service, quelles secousses, quelles douleurs le patient n'éprouverait-il pas ! Il est donc indispensable, dans l'enlèvement des blessés, d'agir avec méthode et suivant certaines règles.

Après la journée la plus sanglante, tout le terrain doit, autant que les circonstances le permettent, être, le soir, libre de blessés. — Parmi ceux-ci, les uns, atteints de lésions très-légères, retournent à leur corps qu'ils suivent jusqu'à ce qu'ils puissent reprendre leurs armes ; les autres, ayant aux membres des blessures plus sérieuses, quoique encore légères, gagnent à pied l'ambulance ; les derniers enfin, mis, par des lésions très-considérables, dans l'impossibilité de marcher, sont relevés et transportés, à l'aide des caissons d'ambulance, des cacolets, des litières et des brancards.

Sont-ils atteints de blessures qui leur permettent la position assise, il faut, après un pansement simple, les placer sur les caissons ou les cacolets ; généralement ils peuvent s'y installer sans le secours d'un aide. Dans le cas contraire, il faut les aider à monter ou les y porter. Leur installation sur les cacolets exige quelques précautions: un infirmier fixe le cacolet sur lequel doit être placé le blessé, soit en le soutenant directement, soit en faisant contre-poids sur le cacolet opposé; deux autres saisissent ce dernier entre leurs bras, et le déposent avec douceur sur le siége de ce fauteuil, où ils le maintiennent assis avec la ceinture de cuir passée autour de son corps. — On place de même un second malade sur l'autre siége.—Si ces deux hommes présentent une grande inégalité de poids, il est nécessaire d'établir l'équilibre en ajoutant, du côté le moins lourd un sac, des armes, ou tout autre objet que l'on suspend au cacolet.

Les litières sont généralement destinées aux hommes atteints de fractures des membres inférieurs, ou d'autres lésions très-considérables. S'il s'agit d'une fracture, on commence par assujettir les deux bouts de l'os rompu par une espèce de soutien ou de tuteur qui sera décrit plus loin ; puis deux infirmiers placés de chaque côté du blessé le soulèvent sans secousses, tandis qu'un troisième porte le membre fracturé, en le soutenant avec les deux mains placées à distance convenable, et tous trois, par des mouvements bien coordonnés et simultanés, le déposent sur la litière placée à côté de lui, et qu'on accroche enfin au bât du mulet. Il faut ensuite immobiliser autant que possible le membre, en le faisant reposer sur un plan un peu élastique et mou. — La paille, l'herbe, le foin, les feuilles, des joncs, la mousse, quelques pièces de vêtements ou de l'équipement peuvent servir à atteindre ce but.

Le transport en cacolets est un transport des plus durs, et le transport en litières l'est à peine un peu moins ; le transport sur brancards et à bras d'hommes est le plus doux ; il doit donc être réservé pour les blessés les plus gravement atteints. — Les porteurs de brancards doivent être, autant que possible, de même taille ; s'ils sont de taille inégale, le plus petit doit se mettre du côté de la tête du malade. — Quand ils gravissent un plan fortement incliné, les pieds du blessé doivent être placés en avant ; quand ils descendent, au contraire, c'est la tête qui doit passer la première. — Ils doivent marcher à pas égal, régulier, non cadencé, pour ne pas secouer douloureusement le blessé. L'usage et l'habitude de marcher au pas militaire donnent cet ensemble et cette mollesse de mouvements sans lesquels le transport devient un supplice.

Toutes ces ressources sont loin d'être toujours suffisantes, et trop souvent, à la suite des grandes batailles, il est nécessaire d'y suppléer par des voitures frappées de réquisition dans le pays, ou par des moyens auxiliaires, tels que les tentes-abris, les manteaux, les sacs de campement qu'on transforme en brancards à l'aide des fusils, des lances, des branches d'arbres, etc. — Quelquefois enfin tous les moyens de transport peuvent même manquer, et l'on est alors réduit à porter les blessés à bras ou à dos d'homme. — Peu d'hommes sont assez robustes pour porter seuls un blessé, à moins que celui-ci ne puisse encore s'aider de ses bras. — Dans ce cas, l'infirmier se place devant lui en lui tournant le dos ; il penche le corps en avant, en même temps qu'il fléchit un peu les jambes, et que de ses bras, portés un peu en arrière, il entoure les cuisses du blessé ; alors, en se redressant, il soulève celui-ci, qui, de ses propres bras, se fixe et prend un point d'appui autour du cou et sur les épaules de l'infirmier, tandis que ses cuisses sont ramenées et retenues contre les hanches du porteur.

Deux infirmiers d'une force ordinaire peuvent transporter un blessé à une assez grande distance, en se reposant de temps en temps. — Diverses manières se présentent pour réunir et combiner leurs forces : 1° les deux porteurs se placent debout à côté l'un de l'autre ; chacun arcbouté sur l'épaule voisine de l'autre le bras le plus rapproché ; il en résulte un entre-croisement des deux bras correspondants sur lesquels la partie postérieure du cou et de la tête du malade prennent un appui solide ; les deux autres bras réunis par l'entrelacement des mains forment un siége sur lequel le malade est assis ; les porteurs marchent alors d'un pas régulier, modérément cadencé, et prennent le soin de s'arrêter de temps en temps pour changer de côté ainsi que les fonctions de bras ; 2° si le malade a assez de force pour s'aider de ses bras, les mains des porteurs peuvent former un siége plus solide et plus commode : chacun d'eux étreint son poignet gauche avec la main droite ; alors chaque main gauche libre embrasse réciproquement le poignet droit de l'autre infirmier ; il en résulte un siége carré sur lequel le blessé s'assied,

et, de ses bras, il entoure le cou de ses porteurs; 3° deux
infirmiers peuvent encore transporter un blessé de la manière suivante : l'un le prend en engageant ses bras d'arrière en avant sous ses aisselles, et en croisant les mains
sur sa poitrine; l'autre, placé entre les jambes du blessé
et lui tournant le dos, enlace de chacun de ses bras chaque membre inférieur correspondant.

APPLICATION DES GOUTTIÈRES AUX MEMBRES FRACTURÉS.

246. Lorsqu'on veut, dans un transport nécessaire,
empêcher les mouvements et les frottements douloureux
des os des membres fracturés, si surtout ceux-ci ont une
grande tendance à prendre une mauvaise conformation, il
importe d'aviser au moyen d'assujettir les bouts des os
rompus, et de leur donner une espèce de soutien ou de
tuteur qui rende aux membres une partie de cette solidité
qu'ils viennent de perdre par la blessure.

Il faut placer, de chaque côté du membre, quelques
corps résistants qu'on attache avec des liens quelconques.
Les corps solides qui tiennent lieu d'attelles, et qu'on applique dans le but de maintenir les bouts d'os en place,
peuvent être les suivants : deux ou trois bouts de bâton,
des baguettes ou verges de bois ou de métal, du fil de fer,
de la paille, du foin, ou des joncs roulés et fortement serrés, de l'écorce, du cuir, etc.

En général, on choisit tout ce qui peut fournir un point d'appui suffisant pour empêcher les os de trop remuer ou de prendre une fâcheuse direction. — Mais les plus commodes à manier d'entre toutes ces attelles, sont celles en fil de fer; elles constituent une espèce de treillis à mailles assez larges et qui peut, en se recourbant, recouvrir et emboîter le devant et les côtés du membre; on leur donne, dans ce dernier cas, le nom de *gouttières*. — Leur longueur doit être proportionnée à la longueur du membre même qu'on veut soutenir. — On doit, avant leur application, les garnir d'une épaisse couche de coton, de crin, de laine, de vieux linges, de paille, de foin, de mousse, etc. On les applique ainsi garnies sur les côtés du membre fracturé, après qu'on lui aura donné une bonne direction, et on les fixe, en les appuyant modérément sur le membre, au moyen de quelques liens qui entourent ce dernier. Il faut toutefois ne pas trop les serrer, pour ne pas meurtrir ou blesser, et placer entre elles et la peau une suffisante quantité de ces corps doux et moelleux cités plus haut, qui puissent permettre une pression convenable des gouttières sur le membre fracturé.

Il n'est pas toujours possible en campagne, surtout après les grandes batailles, d'avoir à sa disposition un nombre suffisant de ces attelles et gouttières; il reste alors les ressources suivantes : s'agit-il d'une main et d'un avant-bras fracturés, on peut se contenter de les placer dans une écharpe qu'on fait avec un mouchoir; pour

un bras cassé, on a également recours à l'écharpe, puis on
attache le bras au corps même, en l'y appuyant au moyen
d'un second mouchoir qui est déployé largement sur la
partie externe de ce bras, et qui, en entourant le corps, va
s'attacher, par les deux bouts, au côté opposé du malade ;
s'agit-il d'une cuisse ou d'une jambe dont les os sont fracturés, on lie ensemble et en plusieurs endroits le membre
cassé avec celui qui est sain, en utilisant ainsi ce dernier
comme une longue et solide attelle.

Il ne faut point déshabiller les blessés si les vêtements
ne s'opposent nullement à l'application des moyens contentifs qui viennent d'être indiqués. — Mais s'il existe des
motifs graves, tels qu'une hémorrhagie, qui exigent l'enlèvement des vêtements, on doit toujours commencer par
débarrasser le membre sain, avant d'en faire autant avec
le membre brisé, et découdre ou couper toutes les pièces
de vêtements qui occasionneraient trop de douleur en les
ôtant. — Dans tous les cas, soit qu'on les coupe, soit
qu'on veuille en débarrasser le blessé sans les couper,
découdre ou déchirer, il faut étendre légèrement le membre en tirant dessus dans une direction convenable. —
On le soutient d'ailleurs de manière à éviter toute secousse
et tout faux mouvement.

PREMIERS SECOURS A DONNER EN CAS D'HÉMORRHAGIE.

247. Des recherches récentes entreprises sur les blessures qui occasionnent la mort sur les champs de bataille démontrent que près d'un cinquième des morts (18 pour 100), doit être attribué aux hémorrhagies. Il est donc de la plus haute importance de connaître les moyens de suspendre l'écoulement de sang ou l'hémorrhagie, qui peut mettre plus ou moins promptement les jours d'un blessé en danger.

Le sang circule dans des canaux qui portent les noms de vaisseaux capillaires, de veines et d'artères. La lésion d'un de ces vaisseaux peut donner lieu à une hémorrhagie ; cette dernière se produit presque toujours au moment de la blessure ; elle peut aussi se montrer dans un temps plus éloigné ; de là, les noms d'hémorrhagie primitive et consécutive : c'est de la première qu'il est ici question.

La perte du sang provenant de la division des vaisseaux capillaires va rarement jusqu'à l'hémorrhagie. Le sang qui s'échappe par les capillaires divisés s'écoule en nappe sur la plaie ; il est plus rouge que le sang veineux, et moins rouge que le sang artériel.

La section des veines d'un certain calibre produit l'hémorrhagie veineuse. Le sang de couleur noire s'écoule par un jet continu plus ou moins fort, ou en bavant ; sa sortie en jet est favorisée par une compression exercée sur le trajet du vaisseau entre le cœur et la blessure.

La division d'une artère d'un volume appréciable donne issue à un jet de sang vermeil, rutilant, saccadé, accompagnant les battements du pouls; une compression pratiquée entre le cœur et la blessure suspend l'écoulement du sang.

Lorsqu'on est appelé à donner des soins à un blessé atteint d'hémorrhagie, il faut appliquer immédiatement un ou plusieurs doigts sur l'endroit même d'où jaillit le sang pour arrêter l'écoulement, puis chercher par la compression à déterminer la source de l'hémorrhagie. S'agit-il d'une lésion artérielle, la compression exercée entre la plaie et le cœur, sur l'artère principale de la région blessée, suspendra l'écoulement du sang; dans le cas d'une lésion veineuse, l'écoulement du sang sera au contraire augmenté. Pour le membre supérieur, la compression sur le vaisseau principal se pratique à la partie interne du bras, et dans le creux de l'aisselle; pour le membre inférieur elle s'exerce sur la partie moyenne du pli de l'aine; dans ces régions l'artère est superficiellement placée, et ses battements sont facilement sentis; elle repose en outre sur un plan solide, un os qui assure le succès de la compresion, l'effacement du calibre du vaisseau.

Les hémorraghies des capillaires et des veines superficielles sont toujours des accidents légers, et s'arrêtent la plupart du temps d'elles-mêmes. Dans le cas contraire, il faut avoir recours aux moyens qui ont été déjà exposés à l'article 400.

Les hémorrhagies artérielles sont arrêtées par la compression avec la main, avec le garrot, et par le tamponnement.

Compression avec la main. — La compression avec la main s'exécute par l'application des doigts sur l'orifice du vaisseau lésé, ou sur l'artère principale de la région. Ce dernier mode de compression se pratique de la manière suivante : on s'assure du point où on veut l'appliquer c'est-à-dire on cherche un point où l'artère est superficielle, et ne se trouve séparée d'un plan solide, un os, que par une épaisseur peu considérable de parties molles; on place sur le vaisseau l'extrémité palmaire des quatre derniers doigts réunis sur une même ligne; on presse légèrement, et on augmente la pression jusqu'à ce que les doigts de l'autre main, placés au-dessous du point comprimé, ne sentent plus les battements du vaisseau. Il faut ainsi continuer la pression sans la diminuer, ni l'augmenter; si la fatigue ou l'engourdissement des doigts survient, il faut superposer aux doigts qui compriment ceux de l'autre main. Si, dans un mouvement inopportun du blessé, ou par toute autre circonstance, le vaisseau vient à échapper à la compression des doigts, il faut, au lieu de chercher à la rétablir par une pression exagérée et souvent inutile, s'assurer de nouveau du trajet de l'artère et réappliquer les doigts dans une bonne direction.

Compression avec le garrot. — Lorsque la plaie, source de l'hémorrhagie, siége sur l'un des membres, la compression des doigts sur l'artère principale du membre peut être efficacement remplacée par l'appareil connu sous le nom de *garrot.* Il se compose d'un lien, d'une pelote, d'un morceau de carton, de corne où d'ivoire, et d'un bâtonnet. Le lien peut être fait avec un mouchoir, une cravate, un ruban de fil, une courroie de l'équipement militaire, un galon d'uniforme, et la pelote confectionnée avec le globe d'une bande, un morceau de bois, un caillou ou une pierre enveloppés de linge ; une compresse épaisse ou une écorce d'arbre peut tenir lieu de la plaque de carton ou de corne, et un morceau de bois quelconque de bâtonnet. Le garrot le plus simple et le plus expéditif consiste dans une cravate au milieu de laquelle on fait deux ou trois nœuds bien serrés. Cet appareil s'applique de la manière suivante : la pelote est posée sur l'artère qu'on veut comprimer et est fixée par le lien, qui, après avoir entouré le membre, est noué en un point opposé à la pelote sur la plaque de carton ou de corne. Sous le nœud, on engage le bâtonnet, avec lequel on tord et serre le lien, puis on l'attache à l'appareil avec une ficelle, lorsque la constriction est jugée suffisante.

Tamponnement. — La compression des doigts sur un vaisseau artériel ouvert ne peut être exercée que d'une manière momentanée ; on doit, autant que possible, lui substituer soit l'appareil qui vient d'être décrit, soit le

12

tamponnement. Le tamponnement se pratique avec toutes les substances molles, faciles à arrondir, ou à mouler en forme de bouchons, afin d'être mises au lieu et à la place des doigts. On les applique directement sur le vaisseau ouvert ou, du moins, sur l'endroit d'où jaillit le sang, par parcelles, ou petites boulettes, afin de mieux boucher la plaie. On peut ainsi employer la charpie, le coton, l'amadou, des étoupes, du vieux linge, et même au besoin de la mousse. On l'exécute de la manière suivante : on remplace les doigts appliqués sur l'orifice du vaisseau par un bourdonnet de charpie sèche, si l'on se sert de charpie; on soutient ce premier bourdonnet, on en superpose un second qu'on maintient de même, et l'on dispose ainsi successivement de nouveaux bourdonnets de plus en plus volumineux, jusqu'à ce que la plaie soit comblée par un cône de charpie dont le sommet repose sur l'artère et dont la base dépasse un peu les bords de la plaie. Des compresses graduées pyramidales sont appliquées par la base sur la charpie, et on les maintient en place par un bandage serré, s'étendant à une certaine distance au-dessus et au-dessous de la plaie.

FIN.

MODÈLES

Modèle n° 1.

 DIVISION
MILITAIRE.

SERVICE DES HOPITAUX MILITAIRES.

PLACE

de

(1) Désigner le nom de l'officier de santé traitant, sa qualité et son grade.

(2) Pairs ou impairs.

(3) Indiquer le genre de maladie.

(4) Indiquer le nom de l'officier de santé traitant.

(5) Porter, en toutes lettres, le nombre de pages.

(6) Ces deux signatures sont apposées à la fin du mois.

HOPITAL MILITAIRE

d

MOIS d   186

CAHIER

DE LA VISITE DE M. (1)

JOURS (2)

Le soussigné, médecin aide-major chargé de suivre la visite de la division des (3)
faite par M. (4)
certifie que le présent cahier de visite, contenant (5) pages, est conforme aux prescriptions faites pendant le mois d   186 .

Le Médecin aide-major de service (6),

Vu et vérifié par le Médecin traitant (6),

12.

SALLE N°   LIT N°

NOMS ET PRÉNOMS.	CORPS.	DATES		MUTATIONS.
		de l'invasion de la maladie.	de l'entrée à l'hôpital.	

Jours du mois.	ALIMENTS		BOISSON ALIMENTAIRE		REMÈDES ET PRESCRIPTIONS.	OBSERVATIONS.
	du matin.	du soir.	du matin.	du soir.		
	G					
	G					
	G					
	G					
	G					
	G					
	G					
	G					
	G					

NOMENCLATURE DES MÉDICAMENTS

Par ordre alphabétique,

AVEC LES ABRÉVIATIONS EN REGARD.

A

Absinthe....................	Abs.
Acétate de plomb cristallisé......	Ac. plomb c.
— liquide.......	Ac. plomb l.
Acide acétique..............	A. acét.
— alcoolisé...............	A. alco.
— azotique...............	A. azot.
— chlorhydrique...........	A. chlorhy.
— nitrique...............	A. nit.
— sulfurique.............	A. sulf.
— tartrique..............	A. tart.
Aconit napel..............	Acon. nap.
Agaric...................	Agar.
Alcali volatil..............	Alca. vol.
Alcool...................	Alcool.
Alcoolats.................	Alcoolats.
Alcool de mélisse composé........	Alc. mél. c.
Alcoolés.................	Alcoolés.
Alumine..................	Alum.
Alun calciné..............	Alun c.

Amidon. . . . . Am.
Ammoniaque. . . . . Ammon.
Angélique. . . . . Ang.
Anis. . . . . An.
Antimoine. . . . . Antim.
— diaphorétique. . . . . Antim. diaph.
— natif proto-sulfure. . . . Antim. nat. pr.-sulf.
Arnica. . . . . Arn.
Arsenic. . . . . Arsenic.
Assa fœtida. . . . . Assa fœt.
Atropine. . . . . Atropine.
Azotate ou nitrate d'argent . . . . . Az. ou nit. arg.
— de potasse. . . . . Az. pot.

B

Baies de genièvre. . . . . Baies gen.
Bain alcalin. . . . . B. alc.
— aromatique. . . . . B. arom.
— de Barèges. . . . . B. Barèg.
— gélatineux. . . . . B. gél.
— savonneux. . . . . B. sav.
— sulfureux. . . . . B. sulf.
— de vapeur. . . . . B. vap.
Bardane. . . . . Bard.
Baume d'arcœus. . . . . Be arc.
— de copahu. . . . . Be cop.
— Fioraventi. . . . . Be Fior.
— du Pérou. . . . . Be Pérou.
— de Tolu . . . . Be Tol.
Belladone. . . . . Belladone.
Benjoin. . . . . Benj.

Beurre d'antimoine. . . . . Beur. antim.
Bi-carbonate de soude. . . . . Bi-c. soude.
Bi-chlorure de mercure. . . . . . . Bi-chl. merc.
Bi-iodure de mercure. . . . . Bi-iod. merc.
Bismuth. . . . . Bism.
Bistorte. . . . . Bist.
Bi-tartrate de potasse. . . . . Bi-tart. pot.
Bol d'Arménie. . . . . Bol Arm.
— anthelmintique. . . . . Bol anthelm.
Borate de soude. . . . . Bor. soude.
Bouillon blanc. . . . . Bouil. bl.
Bourgeons de peuplier. . . . . Bourg. peup.
— de sapin . . . . Bourg. sap.
Bourrache. . . . . Bourr.

C

Cachou. . . . . Cachou.
Calcium. . . . . Calci.
Calomel. . . . . Calomel.
Camomille. . . . . Cam.
Cannelle de Ceylan. . . . . Cann. Ceyl.
Cantharides. . . . . Canth.
Capillaires. . . . . Cap.
Carbonate de soude. . . . . C. soude.
Castoréum. . . . . Cast.
Cataplasme anodin. . . . . Cat. anod.
— aromatique. . . . . Cat. arom.
— émollient. . . . . Cat. ém.
— maturatif . . . . Cat. mat.
— rubéfiant. . . . . Cat. rub.
— saturnin. . . . . Cat. sat.

Cataplasme tannisé..............	Cat. tan.
Caustique de Vienne............	Caust. Vienne.
Centaurée.................	Cent.
Cérat camphré..............	Cér. camph.
— de Galien............	Cér. Gal.
— de Goulard..........	Cér. Goul.
— safrané.............	Cér. saf.
— saturné.............	Cér. sat.
— soufré.............	Cér. souf.
Cerfeuil.................	Cerf.
Charbon.................	Charb.
Chlorure de chaux sec........	Chl. ch. sec.
— de sodium.........	Chl. sod.
— de zinc...........	Chl. zinc.
Chaux.................	Chaux.
Chêne.................	Chêne.
Chicorée sauvage...........	Chic. sauv.
Chiendent...............	Chiend.
Chlorate de potasse.........	Chl. pot.
Chlore.................	Chlore.
Chlorhydrate d'ammoniaque......	Chlorhyd. ammon.
— de morphine.......	Chlorhyd. morph.
Chloroforme.............	Chlorof.
Chlorure de sodium.........	Chl. sod.
Cinabre.................	Cinabre.
Cinchonine..............	Cinch.
Cochléaria..............	Cochl.
Colchique..............	Colch.
Collodion...............	Collod.
Collutoire boraté...........	Collu. bor.
— chlorhydrique........	Collu. chlorhy.
Collyre ammoniacal..........	Coll. ammon.

Collyre astringent. . . . . Coll. ast.

— Lanfranc. . . . . Coll. Lanf.

— antiphlogistique. . . . . . Coll. antiphl.

Colophane. . . . . Coloph.

Coloquinte. . . . . Coloq.

Consoude . . . . Cons.

Copahu . . . . Cop.

Coquelicot. . . . . Coq.

Coriandre. . . . . Corian.

Corne de cerf. . . . . Cor. cerf.

Crème de tartre. . . . . Cr. tart.

Créosote. . . . . Créos.

Cresson de fontaine. . . . . Cress.

Cubèbe. . . . . Cub.

Curcuma. . . . . Curc.

Cusso ou Kousso . . . . Cusso.

Cyanure. . . . . Cyan.

Cynoglosse . . . . Cynog.

D

Décoction blanche. . . . . Déc. bl.

— sudorifique. . . . . Déc. sud.

Deuto-chlorure de mercure . . . . . Deut.-chl. merc.

Deuto-iodure de mercure . . . . . . Deut.-iod. merc.

Dextrine. . . . . Dext.

Diascordium. . . . . Diasc.

Dictame de Crète. . . . . Dic. Crète.

Digitale. . . . . Digit.

Douce-amère . . . . Douce-am.

E

Eau de Baréges.	E. Barég.
— de fleur d'oranger.	E. fl. or.
— gommeuse	E. gom.
— de goudron.	E. goud.
— de menthe.	E. menthe.
— purgative saline..	E. purg. sal.
— de Rabel.	E. Rabel.
— phagédénique.	E. phag.
— de roses	E. ros.
— de Seltz.	E. seltz.
— végéto-minérale.	E. vég.-min.
— de Vichy.	E. Vichy.
— -de-vie camphrée.	E. v. camph.
Emplâtre agglutinatif.	Emp. agg.
— brun de la mère.	Emp. br.
— ciguë.	Emp. cig.
— diachylon gommé..	Emp. diach. gom.
— mercuriel..	Emp. merc.
— vésicatoire.	Emp. vés.
— de Vigo.	Emp. Vigo.
Émulsion nitrée.	Émul. nit.
Esprit de Mindérérus	Esp. Mind.
— de nitre dulcifié	Esp. nit. dul.
Éther sulfurique.	Éth. sulf.
Euphorbe.	Euph.
Extrait de belladone.	Ext. bell.
— de quinquina alcoolique.. . .	Ext. q.q. alc.
— de quinquina aqueux.	Ext. q.q. aq.
— de ratanhia.	Ext. rat.

F

Fécule..................	Féc.
Fer.	Fer.
Fer réduit par l'hydrogène.......	Fer réd. hyd.
Feuilles d'oranger..........	F^lles or.
Fomentation aromatique........	Fom. arom.
— émolliente........	Fom. ém.
— saturnine.........	Fom. sat.
— sédative..........	Fom. séd.
Fougère mâle.............	Foug. m.
Froment cultivé...........	From. cult.
Fumeterre.............	Fumet.
Fumigation chlorée.........	Fum. chl.

G

Gaïac.................	Gaïac.
Gargarisme acidulé..........	Gg. acid.
— astringent..........	Gg. ast.
— antiscorbutique......	Gg. antisc.
— antisyphilitique......	Gg. antisyph.
— boraté............	Gg. bor.
— détersif..........	Gg. dét.
— émollient.........	Gg. ém.
— mercuriel.........	Gg. merc.
Gélatine animale..........	Gél. an.
Genièvre..............	Gen.
Gentiane jaune...........	Gent.
Germandrée............	Germ.
Gingembre.............	Ging.
Girofle..............	Girof.

Glycérine . . . . Glyc.
Gomme adraganthe. . . . . Gom. adrag.
— ammoniaque.. . . . . Gom. amm.
— gutte. . . . . Gom. g.
— Sénégal. . . . . Gom. Sén.
Goudron. . . . . Goud.
Grenadier. . . . . Gren.
Guimauve. . . . . Guim.

H

Houblon. . . . . Houb.
Huile de cade. . . . . H. cad.
— d'arachides.. . . . . H. arach.
— de foie de morue. . . . . H. f. mor.
Hydrate de peroxyde de fer. . . . . Hyd. perox. fer.
Hyssope. . . . . Hyss.

I

Ichthyocolle. . . . . Ichthy.
Infusion amère.. . . . . Am.
— pectorale. . . . . Pect.
Injection mucilagineuse. . . . . . Inj. muc.
— laudanisée. . . . . Inj. laud.
— narcotique. . . . . Inj. narc.
— saturnine.. . . . . Inj. sat.
— vineuse.. . . . . Inj. vin.
Iodure de fer liquide.. . . . . . . Iod. fer liq.
Iodure de plomb . . . . Iod. plomb.
— de potassium. . . . . Iod. pot.
Ipécacuanha. . . . . Ipéca.
Iris de Florence . . . . Iris Flor.

Jalap . . . . Jalap.
Julep . . . . Jul.
Jusquiame . . . . Jüsq.

K

Kermès. . . . . Kerm.
Kousso ou cusso . . . . Kous.

L

Laitue . . . . Laitue
Laudanum de Sydenham . . . . . . Laud. Syd.
— de Rousseau . . . . Laud. Rous.
Lavande . . . . Lavan.
Lavement anodin . . . . Lav. anod.
Lavement amylacé opiacé. . . . . Lav. am. op.
Lavement émollient. . . . . Lav. ém.
Lavement laxatif . . . . Lav. lax.
Lavement purgatif. . . . . Lav. purg.
Lichen d'Islande . . . . Lich.
Lierre terrestre . . . . Lier. ter.
Limonade citrique. . . . . L. cit.
Limonade gommeuse. . . . . . . L. gom.
Limonade minérale . . . . L. min.
Limonade Rogé. . . . . L. Rogé.
Limonade sulfurique . . . . L. sulf.
Limonade tartrique . . . . L. tart.
Limonade tartro-boratée. . . . . . L. tart. bor.
Limonade vineuse . . . . L. vin.

Lin.	Lin.
Liniment ammoniacal.	Lin. amm.
— camphré	Lin. camph.
— opiacé.	Lin. op.
— oléo-calcaire.	Lin. ol. calc.
— Opodeldoch..	Lin. Opodcl.
— savonneux.	Lin. sav.
— volatil.	Lin. vol.
Liqueur de Fowler	Liq. Fowl.
— d'Hoffman..	Liq. Hoffm.
— de Van-Swieten.	Liq. Van-Sw.
Litharge.	Lithar.
Looch blanc.	Looch bl.
Lotion alcaline..	Lot. alc.
— hépatique..	Lot. hép.
Lycopode..	Lycop.

M

Macis.	Macis.
Magnésie blanche ou carbonatée.	Magn. bl.
Manganèse (bi-oxyde)	Manga.
Manuluve.	Manul.
Marjolaine.	Marj.
Mauve.	Mau.
Mélisse..	Mél.
Mellite de roses.	Mell. ros.
— scillitique..	Mell. scill.
Menthe poivrée	Ment. p.
Ményante.	Ményan.
Miel rosat.	Miel ros.
Minium.	Mini.

Morelle noire.. . . . . Mor. n.
Mousse de Corse. . . . . Mous. Cor.
Musc.. . . . . Musc.
Muscade. . . . . Musca.
Myrrhe. . . . . Myr.

N

Nerprun. . . . . Nerp.
Nitrate d'argent. . . . . Nit. arg.
— de potasse. . . . . Nit. pot.
Noix de galle. . . . . N. galle.

O

Oleo-margarate de potasse. . . . . . Ol.-marg. pot.
Oliban.. . . . . Olib.
Onguent d'arcœus. . . . . Ong. arcœ.
— basilicum. . . . . Ong. bas.
— brun . . . . Ong. br.
— épispastique. . . . . Ong. épis.
— mercuriel. . . . . Ong. merc.
— populéum. . . . . Ong. pop.
— styrax. . . . . Ong. styr.
Origan.. . . . . Orig.
Orpiment . . . . Orp.
Oseille.. . . . . Oseil.
Oxyde.. . . . . Ox.
Oxycrat. . . . . Oxyc.
Oxymel scillitique. . . . . Oxym. scil.

P

Pariétaire. . . . . Pariét.

Patience.	Pat.
Pavot-coquelicot.	Pav. coq.
— somnifère.	Pav. somn.
Pédiluve sinapisé.	Péd. sin.
Peroxyde de fer liquide.	Perox. fer liq.
Percaline agglutinative.	Perc. agg.
Phosphate de chaux.	Phosph. chaux.
Pied-de-chat. . . . :	Pied-chat.
Pilule de Belloste.	Pil. Belloste.
— bichlorure de mercure. . . .	Pil. bichl. merc.
— camphrée nitrée.	Pil. camph. nit.
— de copahu officinale	Pil. cop. o.
— ferrugineuse iodurée.	Pil. fer. iod.
— hydragogue.	Pil. hyd.
— Méglin.	Pil. Még.
— métallique.	Pil. métal.
— savon et aloès.	Pil. sav. aloès.
— Segond.	Pil. Segond.
— stomachique	Pil. stom.
— Dupuytren.	Pil. Dupuyt.
— Sédillot.	Pil. Sédil.
— Vallet	Pil. Val.
Pissenlit.	Pissenl.
Poix blanche ou de Bourgogne. . . .	Poix bl. ou Bourg.
Polysulfure	Polysulf.
Pommade antipsorique.	Pom. antips.
— anti-ophthalmique.	Pom. anti-oph.
— citrine	Pom. cit.
— hydriodatée.	Pom. hydriod.
— stibiée ou émétisée. . . .	Pom. stib.
— iodée.	Pom. iodée.
— iodurée.	Pom. iodu.

Pommade de Gondret.	Pom. Gond.
— de Desault.	Pom. Des.
— d'Autenrieth.	Pom. Aut.
— de peuplier.	Pom. peup.
Potion acidulée.	Pot. a.
— aerophore.	Pot. aeroph.
— antiseptique	Pot. antisep.
— antispasmodique.	Pot. antisp.
— calmante.	Pot. calm.
— Chopart.	Pot. Chop.
— émétisée.	Pot. émét.
— émulsive.	Pot. émul.
— étherée.	Pot. éth.
— gommeuse.	Pot. gom.
— incisive.	Pot. incis.
— avec ipécacuanha.	Pot. ipéca.
— jalapée.	Pot. jalap.
— kermetisée.	Pot. kerm.
— nitrée.	Pot. nit.
— purgative.	Pot. purg.
— scillitique acidulée.	Pot. scil. a.
Poudre digitale.	P. dig.
— Dower.	P. Dow.
Proto-chlorure de mercure.	Prot.-chl. merc.
Proto-iodure de mercure.	Prot.-iod. merc.
Protoxide de zinc.	Protox. zinc.

Q

Quinquina alcoolique.	Qq. alc.
— aqueux.	Qq. aq.

R

Raifort..	Raif.
Ratanhia..	Rat.
Réglisse...	Régl.
Rhubarbe.	Rhub.
Riz.	Riz.
Rob de sureau..	Rob sur.
Romarin..	Rom.

S

Sabine..	Sab.
Safran..	Saf.
Sagapenum.	Sagap.
Salsepareille...	Sals.
Sangsues..	Sangs.
Sassafras..	Sass.
Sauge.	Saug.
Savon amygdalin	Sav. amyg.
Scammonée.	Scam.
Scille.	Scil.
Scolopendre.	Scol.
Scordium	Scord.
Seigle.	Seig.
Sel ammoniacal	S. amm.
— marin.	S. mar.
— de soude..	S. soude.
Semen-contra.	Sem. cont.
Séné..	Séné.
Séneçon.	Séneç.

Serpentaire de Virginie.	Serp. Virg.
Serpolet.	Serpo.
Simarouba.	Sima.
Sinapisme.	Sin.
Sirop de Cuisinier.	Sir. Cuis.
Sodium.	Sod.
Soude.	Soud.
Soufre.	Souf.
Sparadrap emplastique.	Spa. emp.
Styrax liquide.	Styr. liq.
Succin.	Succ.
Suc de cresson	Suc cress.
— d'herbes.	Suc herb.
— nerprun.	Suc nerp.
Sucre candi.	Sucr. candi.
Sulfate de quinine.	Sulf. quin.
Sulfure de potasse.	Sulfu. pot.
Sureau.	Sur.

T

Tabac.	Tab.
Tan.	Tan
Tannin.	Tann.
Tartrate ferrico-potassique.	Tart. ferri.-pot.
Teinture aromatique.	Teint. arom.
— de cannelle.	Teint. cann.
— de cantharides.	Teint. canth.
— de digitale pourprée. . .	Teint. dig. pourp.
Térébenthine.	Téréb.
Thé.	Thé
Thériaque.	Théri.

Thridace.	Thrid.
Thym.	Thym
Tilleul.	Till.
Tormentille.	Torm.
Tournesol.	Tourn.
Trèfle d'eau.	Trèf. e.
Trisulfure d'arsenic.	Trisulf. arsenic.
Trochisque de bichlorure de mercure.	Troch. bichl. merc.
Tussilage.	Tuss.
Tuthie.	Tuth.

V

Valérianate de zinc.	Val. zinc.
Valériane.	Valér.
Vératre cévadille	Vérat. cév.
Vermillon.	Verm.
Véronique.	Véron.
Vin amère.	V. am.
— antiscorbutique.	V. antisc.
— aromatique.	V. arom.
— arsenical cuivreux.	V. ars. cuiv.
— de cannelle.	V. cann.
— thériacal.	V. thér.
Vinettier commun.	Vinet.
Violette.	Viol.

Modèle n° 3.

RELEVÉ PARTICULIER

DES

PRESCRIPTIONS ALIMENTAIRES.

SERVICE DES

NOMBRE DE MALADES

MALADES.	1 PRÉSENTS A LA VISITE.	2 A LA DIÈTE ABSOLUE.	AU RÉGIME MAIGRE — à la diète de pain — 2 avec bouillon maigre ou potage maigre ou au lait.	3 avec aliment léger sans bouillon ni potage.	4 AVEC PAIN ET ALIMENTS.	5 TOTAL DES DIÈTES ABSOLUES et des régimes maigres.	AU RÉGIME GRAS — 6 à la diète de pain avec bouillon ou potage gras.	qui reçoivent de la viande — 7 bouillie.	8 rôtie.	9 en ragoût ou apprêtée.
Décès survenus après la visite du matin.										
Matin { Officiers. Soldats.										
Soir.. { Officiers. Soldats.										
À la diète absolue.										
Au régime maigre.										
Au régime gras.										

Lorsqu'il est fait du bouillon gras, les malades auxquels il est prescrit du bœuf bouilli, ou bien ceux qui consomment une portion de l'allocation de 180 grammes en viande rôtie ou grillée, sont indistinctement compris dans la colonne n° 7.

Pain. { 4 portions. . .
3 portions. . .
2 portions. . .
1 portion; . .
Demi-portion.
Diètes. . . . .

HOPITAUX MILITAIRES.

HOPITAL MILITAIRE d

RELEVÉ particulier des prescriptions alimentaires faites à la visite du 186 , par M. , Médecin traitant.

		sans viande avec bouillon ou potage gras.	TOTAL DES RÉGIMES GRAS.
		10	

PRESCRIPTIONS ORDONNÉES		
LE MATIN.	LE SOIR.	TOTAL.

Modèle n° 3
(*suite*).

1° **Aliments ordi-naires** pour officiers, sous-officiers et soldats pouvant être prescrits dans toutes les positions, à l'exception de la diète de pain, qui ne peut recevoir que du bouillon. . . . .

Viande cuite.
- 4 portions. { Sans légumes. / Avec légumes.
- 3 portions. { Sans légumes. / Avec légumes.
- 2 portions . . . .
- 1 portion. . . . .

Bouillon gras . . . .
Soupe grasse. . . . .

Bouillon maigre . . . .
Soupe maigre . . . .

Légumes frais. . . . .
Légumes secs . . . .

Légumes conservés. . . . . . .
Macaroni. . . . .

2° **Boissons** pour officiers, sous-officiers et soldats, pouvant être prescrites dans toutes les positions . .

Vin rouge ou blanc. .
- 4 portions . .
- 3 portions . .
- 2 portions . .
- 1 portion. . .
- Diètes. . . . .

Bière ou cidre . . . .
- 4 portions . .
- 3 portions . .
- 2 portions . .
- 1 portion. . .
- Diètes. . . . .

Lait . . . .
- 4 portions . .
- 2 portions . .

BOUIL-LIE.	RÔTIE.	en ra-goût ou ap-prêtée.	BOUIL-LIE.	RÔTIE.	en ra-goût ou ap-prêtée.	BOUIL-LIE.	RÔTIE.	en ra-goût ou ap-prêtée.
4 portions.	2 portions.		4 portions.	2 portions.		4 portions.	2 portions.	

Modèle n° 3
(*suite*).

3° POTAGES pour offi-
ciers, sous-officiers et
soldats pouvant être
prescrits aux officiers
dans toutes les posi-
tions et aux sous-offi-
ciers et soldats à 2 por-
tions et au-dessous. .

{
Lait simple . . . .
Soupe au lait. . . . .
Vermicelle. . . . .
Riz. . . . .
Pâtes féculentes . . . .
Bouillie de fleur de farine . . . . .
Juliennes. . . . .
Panades . . . .
}

4° ALIMENTS LÉ-
GERS pour offi-
ciers , sous -
officiers et sol-
dats. . . . . .

(1re CATÉ-
GORIE).
pouvant
être pres-
crits aux
malades
à la demie
et au-
dessous.

{
Œufs {
sur le plat, frits, omelette.
à la coque . . . .
dans les bouillons ou sou-
pes (au gras ou au maigre)
}
Poisson frais. . . . .
Poisson salé . . . .
Pruneaux. . . . .
Raisins ou cerises. . . . . . .
Groseilles. . . . .
Figues . . . .
Dattes. . . . .
Jujubes. . . . .
Oranges . . . .
Pommes . . . .
Confitures. . . . .
Compotes. . . . .
Biscuits de Reims. . . . . . .
Café au lait ou à l'eau . . . .
Chocolat . . . .
Salade . . . .
. . . .
}

— 235 —

GRAS		MAIGRE		LAIT		GRAS		MAIGRE		LAIT		GRAS		MAIGRE		LAIT	
2 portions.	4 portions.	2 portions.	4 portions.	2 portions.	4 portions.	2 portions.	4 portions.	2 portions.	4 portions.	2 portions.	4 portions.	2 portions.	4 portions.	2 portions.	4 portions.	2 portions.	4 portions.

4 portions.	2 portions.	4 portions.	2 portions.	4 portions.	2 portions.

Modèle n° 3
(*suite*).

Suite des ALIMENTS LÉGERS pour officiers, sous - officiers et soldats .

(2e CATÉGORIE). pouvant être prescrits aux malades à 4 portion et au-dessous, soit au régime gras, soit au régime maigre (A).

Poulets. . . . .
Canards. . . . .
Dindons. . . . .
Pigeons. . . . .

5° ALIMENTS PARTICULIERS pour officiers, pouvant être prescrits exceptionnellement aux sous-officiers et soldats.

Pois. . . . .
Fèves.. . . . .
Haricots. . . . . . .
Choux-fleurs. . . . .
Asperges. . . . . . .
Salsifis. . . . .
Epinards. . . . . . .
Chicorée. . . . . . .
Oseille. . . . .
Poires. . . . .
Pêches. . . . .
Abricots. . . . . . .
Fraises. . . . .
Framboises. . . . . .

(A Aux officiers dans toutes les positions.

PRESCRIPTIONS ORDONNÉES											
LE MATIN.				LE SOIR.				TOTAL.			
4 portions.		2 portions.		4 portions.		2 portions.		4 portions.		2 portions.	
Officiers	Soldats.	Officiers	Soldats.	Officiers	Soldats.	Officiers	Soldats.	Officiers	Soldats.	Officiers	Soldats.

Modèle n° 3
(suite).

SUPPLÉMENT AU RÉGIME ALIMENTAIRE
DES OFFICIERS MALADES.

VIN ROUGE OU BLANC... Portions.. $\begin{cases} 4 \text{ portions.} & \ldots \ldots \\ 3 \text{ portions.} & \ldots \ldots \\ 2 \text{ portions.} & \ldots \ldots \\ 1 \text{ portion.} & \ldots \ldots \end{cases}$

Certifié le présent relevé, auquel sont
annexés   bons pour entrants après
la visite du   au matin.
Le (*)   186 .

Le Médecin traitant,

(*) Cette date est celle du jour qui suit celui pour lequel le relevé est
établi.

Certifié par le Médecin aide-major soussigné.

, le   186   .

ANNÉE 186 .   Modèle n° 4,.

Mois

Jour   SERVICE DES HOPITAUX MILITAIRES.

° DIVISION.
                        HÔPITAL MILITAIRE, D
Malade n°

M.   RELEVÉ des prescriptions en médicaments.
Médecin aide-major   faites à la visite du   186 ,
de visite.   de   , division des
                        par M.

DÉNOMINATION des Médicaments prescrits.	NOMBRE DE PRESCRIPTIONS.			OBSERVATIONS.
	MATIN.	SOIR.	TOTAL.	

NOTA. Dès que la visite est terminée,
l'infirmier de visite qui l'a suivie ins- Certifié conforme au cahier
crit sur ce relevé les prescriptions ma- de visite.
gistrales dans l'ordre du formulaire.
   Les médicaments prescrits la veille, à
la visite du soir ou pendant la journée
précédente, par le médecin de garde, A   , le   186 .
sont exactement portés sur le relevé du
lendemain, et chaque Médecin traitant Le Médecin aide-major,
s'assure de l'exactitude de cette opéra-
tion en comparant les bons qui sont annexés au relevé de chaque division du
service.

14

Modèle n° 5.

꜀ DIVISION
MILITAIRE.

MOIS d

SERVICE DES HOPITAUX MILITAIRES.

HOPITAL MILITAIRE d

DIVISION d   , SALLE

NOTE du linge à pansement agant servi.

DÉSIGNATION DU LINGE.	PANSEMENTS				NOMBRE DE PIÈCES de chaque espèce de linge.	OBSERVATIONS auxquelles a donné lieu la réception du linge par le magasin.
	DU MATIN. QUANTITÉS		DU SOIR. QUANTITÉS			
	en chiffres.	en toutes lettres.	en chiffres.	en toutes lettres.		

Certifié véritable par l'Infirmier-major,

A   , le   186

Vu par l'Aide-major
chargé des pansements,

Tarif d'allocation pour le régime alimentaire des malades.

Modèle N° 6.

DÉSIGNATION DES ALIMENTS.	UNITÉS de DÉCOMPTE	QUANTITÉS A DISTRIBUER SELON LES PRESCRIPTIONS.					QUANTITÉS A ALLOUER EN CONSOMMATION selon les prescriptions.	OBSERVATIONS.
		Par 4 portions.	Par 3 portions.	Par 2 portions.	Par 1 portion.	Par 1/2 portion.		
Pain	Kilog.	k. 0 330	k. 0 24750	k. 0 165	k. 0 08250	k. 0 04125	Même quantité que celle distribuée.	Le pain de soupe est pris en dehors de la portion revenant à chaque malade. Il est alloué 0k.046, par soupe prescrite.
Viande de bœuf, de veau ou de mouton — bouillie, sans légumes . .	Id.	0 140	0 105	0 070	0 035	»	Il est alloué pour chaque malade recevant du bouillon 0k.180 de viande de bœuf.	La viande mise à la marmite pour chaque malade recevant du bouillon et pour chaque infirmier, à raison de 0k.180 par homme.
— bouillie, avec légumes . .	Id.	0 070	0 050	»	»	»	1 kilogr. de viande pour 0k.500 de rôtie ou désossée.	Il est alloué 0k.015 de beurre par kilog. de viande mise en rôti ou en ragoût.
— rôtie, sans légumes . .	Id.	0 140	0 105	0 070	0 033	»	1 kilogr. de viande pour 0k.700 de viande en ragoût dépecée . . .	A la distribution où l'on donnera de la viande bouillie, il pourra être prescrit de la viande rôtie ou grillée dans la proportion de 1/100 de l'effectif général des malades, mais seulement aux malades à 1 portion et au-dessus.
— rôtie, avec légumes . .	Id.	0 070	0 050	»	»	»	L'eau nécessaire pour faire le bouillon ne doit pas dépasser 21.75 par kilo de viande mise à la marmite . . .	Cette prescription est autorisée quel que soit le régime.
— en ragout, sans légumes . .	Id.	0 140	0 105	0 070	0 035	»	0k.036 de légumes verts ou 0k.010 d'oseille suite ou 0k.005, conserves Chollet, et 0k.010 de beurro par 4 portions	La viande nécessaire, sera prise sur ce qu'il y a à mettre à la marmite.
— en ragout, avec légumes . .	Id.	0 070	0 050	»	»	»		
Bouillon gras ou soupe grasse.	Litre.	0 375	»	0 1875	»	»		
Bouillon maigre ou soupe maigre.	Id.	0 3750	»	0 1875	»	»	0k.380 des mêmes légumes, par 4 portions	
Légumes frais (pommes de terre, choux, carottes, navets).	Id.	0 25	»	0 1250	»	»	Pommes de terre, 0k.055 ; choux, 0k.0125, par 4 portions.	
Légumes, conserves *Chollet* (pommes de terre, choux).	Id.	0 25	»	0 1250	»	»	0k.100 des mêmes légumes, par 4 portions.	
Légumes secs (haricots, lentilles, pois)..	Id.	0 25	»	0 1250	»	»	0 050 de pât. par 4 portions.	
Macaroni	Id.	0 25	»	0 1250	»	»		
Légumes frais pour la marmite	Kilog.	»	»	»	»	»	0 200 par kilogr. de viande.	
Légumes, conserves *Chollet*, pour la marmite (choux et julienne)	Id.	»	»	»	»	»	0 050 par kilogr. de viande. . . .	

(Colonne de gauche, rubrique :) 1° ALIMENTS ORDINAIRES, pour officiers, sous-officiers et soldats, pouvant être prescrits dans toutes les positions, à l'exception de la diète de pain qui ne peut recevoir que du bouillon . . . . .

DÉSIGNATION DES ALIMENTS.	UNITÉS de DÉCOMPTE	QUANTITÉS A DISTRIBUER SELON LES PRESCRIPTIONS.					QUANTITÉS A ALLOUER EN CONSOMMATION selon les prescriptions.	OBSERVATIONS.
		Par 4 portions.	Par 3 portions.	Par 2 portions.	Par 1 portion.	Bar 1/2 portion.		
2° Boissons, pour officiers, sous-officiers et soldats pouvant être prescrites dans toutes les positions...... Vin ordinaire, rouge ou blanc..... Bière ou cidre.............. Lait.................	Litre. Id. Id.	k. 0 25 0 50 0 50	k. 0 18 0 36 »	k. 0 12 0 25 0 25	k. 0 06 0 12 »	k. » » »	Même quantité que celle distribuée.. *Idem*........... *Idem*...........	Dans chaque localité, il y aura toujours une réserve de vin en bouteilles pour les hommes atteints de maladies graves dont la convalescence exigera une boisson plus cordiale que le vin ordinaire. Il pourra y être ajouté 0 kil. 008 de sucre par 4 portions.
3° Potages, pour officiers, sous-officiers et soldats, pouvant être prescrits aux officiers dans toutes les positions, et aux sous-officiers et soldats à 2 portions et au-dessous. Soupe au lait.............. Lait simple............. Vermicelle.............. Riz................. Pâtes féculentes........... Bouillie de fleur de farine....... Julienne fraîche au gras ou au maigre. Julienne, conserves *Chollet*, au gras ou au maigre............. Panade au gras ou au maigre.....	Id. Id. Id. Id. Id. Id. Id. Id. Id.	0 3750 0 25 0 3750 0 3750 0 3750 0 3750 0 3750 0 3750 0 3750	» » » » » » » » »	0 1875 0 1250 0 1875 0 1875 0 1875 0 1875 0 1875 0 1875 0 1875	» » » » » » » » »	» » » » » » » » »	0k.040 de pain, par 4 portions.. 0k.035 de vermicelle, par 4 portions. 0 025 de riz, id... 0 030 de pâtes féculentes, id.. 0 030 de fleur de farine, id... 0 080 de légumes frais, id... 0 020 de conserves Chollet, id... 0 015 de pain, id...	Il est alloué, pour les préparations au gras, la quantité de bouillon gras nécessaire et prélevée sur celle obtenue au moyen de la viande mise à la marmite. Il est alloué, pour les préparations au maigre, 0k.015 de beurre, par 4 portions de potage. Il est alloué pour les préparations au lait...... { 0k.25 de lait, par 4 portions de potage. 0k.008 de sucre, par 4 portions de potage au lait. 0k.004 de sucre, par 4 portions du lait simple.

DÉSIGNATION DES ALIMENTS	UNITÉS de DÉCOMPTE	QUANTITÉS A DISTRIBUER SELON LES PRESCRIPTIONS.					QUANTITÉS A ALLOUER EN CONSOMMATION selon les prescriptions.	OBSERVATIONS.
		Par 4 portions.	Par 3 portions.	Par 2 portions.	Par 1 portion.	Par 1/2 portion.		
		k.	k.	k.	k.	k.		0k.010 de beurre, pour 4 portions d'œufs sur le plat ou en omelette, 0k.015 de beurre, pour 4 portions de poisson frais ou salé. 0k.015 de saindoux par 4 portions de friture.
Œufs (sur le plat, en omelette, à la coque)	Nombre.	2	»	1	»	»	Même quantité que celle distribuée.	Il est alloué
Poisson frais	Kilog.	0 100	»	0 050	»	»	0k.200 de poisson frais, par 4 portions.	
Poisson salé	Id.	0 100	»	0 050	»	»	Même quantité que celle distribuée.	La prescription du poisson sera toujours subordonnée aux ressources de la localité.
Pruneaux (préparés avec du sucre)	Id.	0 100	»	0 050	»	»	0k.060 de pruneaux et 0k.004 de sucre, par 4 portions.	
Raisins, cerises	Id.	0 250	»	0 125	»	»	Même quantité que celle distribuée.	
Groseilles	Id.	0 250	»	0 125	»	»	*Idem.* et 0k.008 de sucre, par 4 portions.	
Figues, dates, jujubes	Id.	0 060	»	0 030	»	»	Même quantité que celle distribuée.	
Oranges	Nombre.	1	»	1/2	»	»	*Idem.*	
Pommes (cuites avec du sucre)	Id.	2	»	1	»	»	*Idem.* et 0k.004 de sucre, par 4 portions.	
Confitures et compotes	Kilog.	0 060	»	0 030	»	»	Même quantité que celle distribuée.	
Biscuits de Reims	Nombre.	2	»	1	»	»	*Idem.*	
Café au lait	Litre.	0 25	»	0 25	»	»	0k.012 de café, 0k.008 de sucre et 0l.20 de lait.	
Chocolat	Id.	0 25	»	0 25	»	»	0 032 de chocolat.	Il est alloué 0k.015 d'huile et 0k.007 de vinaigre, par 4 portions.
Salade	Kilog.	0 100	»	0 050	»	»	0 120 de salade, par 4 portions.	

1° Aliments légers pour officiers, sous-officiers et soldats.

4ᵉ *Catégorie* peuvant être prescrits aux malades à 2 portions et au-dessous, soit au régime gras, soit au régime maigre.

Suite du Modèle n° 6.

DÉSIGNATION DES ALIMENTS.	UNITÉS de DÉCOMPTE	QUANTITÉS A DISTRIBUER SELON LES PRESCRIPTIONS. Par 4 portions.	Par 3 portions.	Par 2 portions.	Par 1 portion.	Par 1/2 portion.	QUANTITÉS A ALLOUER EN CONSOMMATION selon les prescriptions.	OBSERVATIONS.
4° Aliments légers pour officiers, sous-officiers et soldats (suite). 2° Catégorie * pouvant être prescrits aux malades à 1 portion et au-dessous, soit au régime gras, soit au régime maigre		k.	k.	k.	k.	k.		
Poulets, canards. Officiers	Nombre.	1/4	»	1/4	»	»	Même quantité que celle distribuée. Les poulets seront de 0k.700 à 0k.800 dans les localités où l'administration pourra se les procurer. Quel que soit le poids de la volaille, la portion pour les officiers ne sera pas inférieure à 0k.140. Le poids de la portion de poulet pour les sous-officiers et soldats ne peut être rigoureusement déterminé	Il est alloué 0k.005 de beurre, par 4 portions. Dans les états de consommation, les poulets, les canards et les dindons seront inscrits au nombre et au poids. Le nombre de portions à tirer d'un poulet s'obtient en divisant par 0k.060, son poids total avant la cuisson.
Poulets, canards. Sous-officiers et soldats	Kilog.	0 060	»	0 060	Poids indiqué	pour ordre.		
Dindons. Officiers	Id.	0 140	»	0 140	»	»		
Dindons. Sous-officiers et soldats	Id.	0 060	»	0 060	Poids indiqué	pour ordre.		
Pigeons	Nombre.	1/2	»	1/4	»	»		
5° Aliments particuliers, pour officiers, pouvant être prescrits exceptionnellement aux sous-officiers et soldats. Légumes frais. Pois, fèves, haricots	Kilog.	0 250	»	0 125	»	»	Même quantité que celle distribuée.	Il est alloué 0k.015 de beurre, par 4 portions.
Légumes frais. Choux-fleurs, asperges, salsifis	Id.	0 200	»	0 100	»	»	*Idem.*	
Légumes frais. Epinards, chicorée, oseille	Id.	0 250	»	0 125	»	»	*Idem.*	
Légumes frais. Artichauts	Nombre.	1	»	1/2	»	»	*Idem.*	
Légumes conserves Chollet. Haricots flageolets	Litre.	0 25	»	0 1250	»	»	0k.045, par 4 portions	
Légumes conserves Chollet. Haricots verts	Id.	0 25	»	0 1250	»	»	0 025, idem	
Légumes conserves Chollet. Epinards, chicorée, oseille	Id.	0 25	»	0 1250	»	»	0 025, idem	
Poires, pêches	Nombre.	1	»	1	»	»	Même quantité que celle distribuée	
Abricots	Id.	2	»	1	»	»	*Idem.*	
Fraises et framboises	Kilog.	0 125	»	0 062	»	»	*Idem.*	Il est alloué 0k.008 de sucre, par 4 portions.
Nota. Les conserves *Chollet* ne sont employées qu'à défaut de légumes frais. Il est accordé aux officiers supérieurs un aliment en plus. Le rôti donné aux officiers à titre de supplément, sera distribué à raison de 0k,200 les 4 portions et de 0k,100 les 2 portions.							0k.400 de viande, par 4 portions, et 0k.025 de beurre par kilog. de viande	Il est alloué les autres condiments nécessaires, tels que poivre, farine, vinaigre, huile à manger, etc., en quantités suffisantes pour les assaisonnements. L'allocation de sel est de 0k.020, par homme et par jour.

* Aux officiers dans toutes les positions, soit comme supplément, soit comme régime ordinaire.

TARIF indiquant les espèces d'aliments qui peuvent être prescrites dans les Hôpitaux militaires thermaux par les officiers de santé, pour la nourriture des malades admis dans ces établissements.

Modèle n° 7.

DÉSIGNATION DES ALIMENTS.	POIDS, MESURE ou NOMBRE.	QUANTITÉS A DISTRIBUER A CHAQUE MALADE, suivant les prescriptions.				QUANTITÉS ALLOUÉES EN CONSOMMATION AUX COMPTABLES.	OBSERVATIONS.
		1 portion.	2 portions.	3 portions.	4 portions.		REPAS DU MATIN.
OFFICIERS.							Le repas du matin se compose des aliments ci-après dans la proportion prescrite par le médecin traitant, savoir : 1° Pain ; 2° Vin ou lait ; 3° Viande rôtie ou préparée ; 4° Légumes ou riz ; 5° Œufs ou poisson, ou volaille ; 6° Dessert.
REPAS DU MATIN.							
Pain	kilog.	»	0,281.25	0,187,5	0,937,5	Même quantité que celle distribuée.	*Pain.* — La plus forte portion à distribuer est celle de 75 : grammes 25 : il n'y a pas de portion entière pour cet aliment.
Vin.	litre.	0,50	0,36	0,25	0,12	Idem.	*Vin.* — Les 4 portions de vin figurent au présent tarif pour 50 centilitres, comme dans tous les hôpitaux; mais il ne faut pas perdre de vue que le vin, étant prescrit séparément et indépendamment de toute autre allocation, il n'est ouvert aucun droit absolu aux 4 portions, sur 2 portions, etc., le médecin restant l'arbitre de la quantité à distribuer, sous la condition de ne jamais dépasser les 4 portions, telle qu'elle est indiquée ci-contre.
Lait pour boisson.	id.	0,50	0,36	0,25	0,12	Idem.	
Viande . . . . . Rôtie.	kilog.	»	0,105	0,060	0,30	460 grammes de viande crue.	
Préparée en ragoût	id.	»	0,145	0,060	0,30		
Pommes de terre	litre.	0,25	»	0,12,5	»	300 grammes non épluchées par 4 portions.	*Lait pour boisson.* — Ne se prescrit qu'en remplacement du vin, et jamais en même temps.
Légumes frais. . Pois, fèves de marais, haricots nouveaux, oseille, épinards ou chicorée. . .	id.	0,25	»	0,12,5	»	250 grammes par 4 portions.	*Viande rôtie ou préparée.* — La plus forte portion de rôti est de 105 grammes; celle de ragoût de 114 grammes. Cet aliment est distribué comme le pain.
Haricots verts, choux-fleurs, asperges, salsifis	kilog.	0,200	»	0,100	»	Mêmes quantités que celles distribuées.	*Riz comme aliment ordinaire.* — Ne se prescrit qu'en remplacement de légumes. Cet aliment est toujours distribué suivant l'indication du médecin, par 4 portions ou 2 portions, quel que soit le régime prescrit.
Artichauts.	nombre.	1	»	1/2	»	Idem.	
Légumes secs. . Haricots, pois, lentilles.	litre.	0,25	»	0,12,5	»	90 grammes par 4 portions.	*Chocolat.* — Ne peut être prescrit qu'aux malades à 1 portion. Il est toujours distribué
Riz au gras ou au lait pour aliments ordinaires	id.	0,25	»	0,12,5	»	15 grammes de riz pour les 4 portions, 12 centilitres de lait pour le riz au lait.	
Œufs.	nombre.	2	»	1	»	Mêmes quantités que celles distribuées.	
Poisson . . . . frais	kilog.	0,200	»	0,100	»	110 grammes pour les 4 portions.	
salé (morue).	id.	0,150	»	0,075	»	Idem.	
Volaille . . . . Poulets ou canards	nombre.	1/4	»	1/8	»	Mêmes quantités que celles distribuées.	
Pigeons.	id.	1	»	1/2	»	Idem.	
Chocolat à l'eau ou au lait.	litre.	0,37 5	»	»	»	52 grammes de chocolat, 25 cent. du lait pour le chocolat au lait.	
Desserts . . . . Fromages divers.	kilog.	0,50	»	002,5	»	Mêmes quantités que celles distribuées.	
Confitures diverses	id.	0,50	»	0,025	»		

Suite du modèle n° 7.

DÉSIGNATION DES ALIMENTS.	POIDS, MESURE ou NOMBRE.	QUANTITÉS A DISTRIBUER A CHAQUE MALADE, suivant les prescriptions.				QUANTITÉS ALLOUÉES EN CONSOMMATION AUX COMPTABLES.	OBSERVATIONS.
		1 portion.	2 portions.	3 portions.	4 portions.		
Desserts. . . . . { Prunes diverses, figues fraîches ou sèches.	nombre.	4	»	2	»	Mêmes quantités que celles distribuées.	eux 4 portions, et indépendamment des autres aliments. Légumes. — Les légumes ne se distribuant que par 4 portions ou 2 portions, le médecin traitant a la faculté de prescrire l'une ou l'autre de ces deux quantités, à son choix, quel que soit d'ailleurs le régime de nourriture auquel le malade est soumis, comme pour le riz aliment ordinaire. Œufs, poisson, volaille et dessert. — Ces aliments sont également distribués par 4 ou 2 portions, suivant le régime établi le malade est soumis; ainsi le malade à 3 portions reçoit les 4 portions, et celui à 2 portions ou 1 portion reçoit les 2 portions.
Poires tapées ou cuites, pruneaux crus ou cuits, quatre mendiants.	kilog.	0,075	»	0,037,5	»		
Raisin frais.	nombre.	2	»	1	»		
Cerises.	kilog.	0,250	»	0,121	»		
Biscuits.	id.	0,200	»	0,100	»		
	nombre.	2	»	1	»		
REPAS DU SOIR.							**REPAS DU SOIR.**
Pain	kilog.	»	0,250	0,187,5	0,0937,5	Mêmes quantités que celles distribuées.	1° Pain; 2° Vin ou lait; 3° Soupe grasse; 4° Bœuf bouilli; 5° Viande rôtie ou préparée, ou œufs, ou volaille, ou poisson; 6° Légumes ou salade; 7° Dessert.
Vin.	litre.		Comme au repas du matin.			Idem.	
Lait pour boisson.	id.		Idem.			Idem.	
Soupes grasses préparées. . { au pain.	id.	0,375	»	»	»	30 grammes de pain.	Pain. — La plus forte portion à distribuer est de 250 grammes; mais le pain de soupe, qu'on d'être prélevé sur cette quantité, est pris à la dépense, tout que pour les malades à 3 ou à 4 portions.
au riz.	id.	0,375	»	»	»	30 grammes de riz.	
au vermicelle.	id.	0,375	»	»	»	30 grammes de vermicelle.	
à la semoule.	id.	0,375	»	»	»	30 grammes de semoule.	
Bœuf bouilli	kilog.	»	»	0,070	0,035	160 grammes de viande crue.	Vin et lait. — Même observation qu'au repas du matin.
Viande rôtie ou préparée.	id.		Comme au repas du matin.			Idem.	Soupes grasses. — Sont toujours distribuées à 4 portions, quel que soit le régime prescrit.
Légumes frais	id.						Bœuf bouilli. — La plus forte portion à distribuer est de 70 grammes; ainsi le malade à 3 portions reçoit cette portion comme celui à 2 portions.
Salades.	kilog.	0,060	»	»	»	125 grammes non épluchées.	Viande rôtie ou préparée. — Ne peut être prescrite, au repas du soir qu'en remplacement des œufs, du poisson ou de la volaille.
Œufs, poisson ou volaille.	id.		Comme au repas du matin.			Idem.	Légumes. — Même observation qu'au repas
Dessert.	id.		Idem.				
LES JEUDIS ET LES DIMANCHES, AU REPAS DU SOIR.							
Pain.	kilog.		Comme les autres jours, au repas du soir.			Même quantité que celles distribuées.	
Vin.	litre.		Idem.			Idem.	
Lait pour boisson.	id.		Idem.			Idem.	
Bouillon maigre	id.	0,50	»	»	»	30 grammes de légumes, 45 grammes de beurre.	

DÉSIGNATION DES ALIMENTS.	POIDS, MESURE ou NOMBRE.	QUANTITÉS A DISTRIBUER A CHAQUE MALADE, suivant les prescriptions.				QUANTITÉS ALLOUÉES EN CONSOMMATION AUX COMPTABLES.	OBSERVATIONS.
		1 portion.	2 portions.	3 portions.	4 portions.		du matin, ainsi que pour les œufs, la volaille, le poisson et le dessert. Salade. — Ne peut être prescrite qu'en remplacement des légumes ; est toujours distribuée à 4 portions. Les jeudis et les dimanches, au repas du soir : 1° Pain; 2° Vin ou lait; 3° Soupe maigre; 4° Viande rôtie ou préparée; 5° Œufs, ou poisson, ou volaille; 6° Légumes ou salade; 7° Dessert. Pain. — Même observation qu'au repas du soir des autres jours. Vin, viande rôtie ou préparée, œufs, poisson, volaille, légumes, salade et dessert. — Mêmes observations qu'au repas du matin. Soupe maigre. — Même observation ici pour les soupes grasses ; le pain qui entre dans sa composition est toujours pris à la dépense.
Soupe maigre	litre.	0,37,5	»	»	»	30 grammes de pain, 30 grammes de légumes, 40 grammes de beurre ; plus, œufs à raison de 4 pour 5 soupes.	
Viande rôtie ou préparée	kilog.	Comme au repas du matin.					
Légumes frais	litre.	Idem.					
Salade	kilog.	0,060	»	»	»	125 grammes non épluchés.	
Œufs, poisson ou volaille	id.	Comme au repas du matin.					
Dessert	id.	Idem.					Les médecins traitants pourront prescrire aux sous-officiers et soldats malades dans les hôpitaux fiermes la plus forte portion au prescrit tarif pendant tout le temps qu'ils le jugent nécessaire.
SOUS-OFFICIERS ET SOLDATS. REPAS DU MATIN.							
Bouillon maigre	litre.	0,50	»	»	»	30 grammes de légumes, 15 grammes de beurre.	
Soupe maigre	id.	0,37,5	0,105	»	»	40 grammes de pain; 30 grammes de légumes verts, 40 grammes de beurre ; plus, œufs à raison de 4 pour 5 soupes.	REPAS DU MATIN. 1° Pain; 2° Vin ou lait; 3° Bouillon maigre ou soupe maigre; 4° Viande rôtie ou au ragoût ou poisson; 5° Légumes ou salade.
Viande. { rôtie. { préparée en ragoût	kilog. id.	» 0,148	0,105 0,075	0,075 0,060	0,060	160 grammes de viande crue, quelle que soit la portion distribuée.	Bouillon maigre. — Se distribue à 50 centilitres, quel que soit le régime prescrit.
Poisson sec (morue salée)	id.	0,130	0,075	»	»	140 grammes pour les 4 portions, 70 grammes pour les deux portions.	Soupe maigre. — Se distribue à raison de 37 cent. 5, quel que soit le régime prescrit; elle est préparée à la cuisine, au moyen du prélèvement des 40 grammes du pain qui entre dans sa composition sur la quantité prescrite au malade aux 4 portions ou à trois portions; au-
Légumes frais, { Pommes de terre, carottes, navets. . . .	litre.	0,25	»	0,12,5	»	300 gr. de pommes de terre non épluchées pour 4 portions; carottes, navets, 375 gr. non épluchés pour les 4 portions.	
Légumes secs. { Haricots, pois ordinaires, lentilles, pois cassés. . . .	id.	0,25	»	0,12,5	»	90 grammes pour les 4 portions.	
Salade	kilog.	0,060	»	»	»	125 grammes.	
REPAS DU SOIR. Bouillon gras	litre.	0,50	»	»	»		

DÉSIGNATION DES ALIMENTS.	POIDS, MESURE ou NOMBRE.	QUANTITÉS A DISTRIBUER A CHAQUE MALADE, suivant les prescriptions.				QUANTITÉS ALLOUÉES EN CONSOMMATION AUX COMPTABLES.	OBSERVATIONS.
		1 portion.	2 portions.	3 portions.	4 portions		
Bœuf bouilli	kilog.	»	0,125	0,070	0,035	260 grammes de viande crue par malade au régime gras.	dessous de cette prescription, le pain est pris à la dépense. *Viande rôtie* ou en ragoût. — La plus forte portion de rôti est de 105 grammes; celle de ragoût est de 115 grammes, qui sont distribués aux malades à 4 portions comme à 3 portions.
Légumes frais ou secs	litre.	Comme au repas du matin.					*Riz ou lait.* — Même observation que pour les officiers.
Riz au gras ou au lait.	id.	0,25	»	0,125	»	45 grammes de riz par 4 portions, 12 centilitres de lait pour le riz au lait.	*Poisson salé.* — Se distribue par 4 portions ou par 2 portions, suivant le régime auquel le malade est soumis; ainsi le malade à 4 portions ou à 3 portions reçoit les 4 portions, et celui à 2 portions ou à 1 portion reçoit les 2 portions. Cet aliment ne peut être prescrit qu'en remplacement de la viande rôtie ou en ragoût.
Aliments légers.	Œufs à la coque, sur le plat, frits ou en omelette	nombre.	2	»	1	»	Même quantité que celle distribuée.	*Légumes et salades.* — Même observation que pour les officiers.
	Pruneaux.	kilog.	0,100	»	0,050	. »	60 grammes de pruneaux crus.	REPAS DU SOIR.
	Pommes, poires (crues ou cuites)	nombre.	2	»	1	»	Même quantité que celle distribuée.	1° Pain;
	Cerises.	kilog.	0,250	»	0,125	»	Idem.	2° Vin ou lait;
	Raisin frais.	id.	0,250	»	0,125	»	Idem.	3° Bouillon gras;
LE MATIN ET LE SOIR.							4° Bœuf bouilli ;
Pain	kilog.	0,37,5	0,284,25	0,187,5	0,937,5	Mêmes quantités que celles distribuées.	5° Légumes au riz, aliment ordinaire ou aliment léger.
Vin	litre.	0,25	0,18	0,12	0,06		*Bouillon gras.* — Est distribué à 50 centilitres, quel que soit le régime prescrit.
Lait pour boisson.	id.	0,050	0,30	0,25	0,12		*Bœuf bouilli.* — La plus forte portion est de 125 grammes, qui sont distribués également aux malades à 4 portions comme à ceux à 3 portions.
Potages communs aux officiers, sous-officiers et soldats.	Riz au gras, au lait ou au maigre.	litre.	0,37,5	»	0,18,5	»	35 gr. de riz pour les 4 portions, 28 centil. de lait pour les potages au lait, 40 gr. de beurre pour ceux au maigre.	*Légumes.* — Au repas du soir, les 4 portions et les 2 portions peuvent être remplacées, dans les mêmes proportions, par un aliment léger ou par un riz alimenté.
	Vermicelle. *Idem.*	id.	0,37,5	»	0,18,5	»	20 grammes de semoule ou crème de riz pour les 4 portions, 28 centilitres de lait pour les potages au lait, 40 grammes de beurre pour ceux au maigre.	*Aliments légers.* — Sont distribués comme que soit le régime.
	Semoule, crème de riz. *Idem.* .	id.	0,37,5	»	0,18,5	»		
	Panade au gras ou au maigre.	id.	0,37,5	»	0,18,5	»	75 grammes de pain pour les 4 portions, 40 grammes pour la demie, 40 grammes de beurre pour la panade au maigre.	
	Soupe au lait	id.	0,37,5	»	0,18,5	»	40 grammes de pain, 33 centilitres de lait.	

DÉSIGNATION DES ALIMENTS.	POIDS, mesure ou nombre.	QUANTITÉS à distribuer.	QUANTITÉS ALLOUÉES EN CONSOMMATION AUX COMPTABLES.
INFIRMIERS.			
REPAS DU MATIN.			
Pain	kilog.	0,375	Mêmes quantités que celles distribuées.
Vin	litre.	0,25	*Idem.*
Viande { rôtie	kilog.	0,108	160 grammes de viande crue par homme.
{ préparée en ragoût	id.	0,115	Mêmes quantités que celles allouées pour les 4 portions des sous-officiers et soldats.
Légumes frais ou secs	litre.	0,25	*Nota.* La salade est distribuée en remplacement de légumes, et jamais en même temps.
Salade	kilog.	0,60	
REPAS DU SOIR.			
Pain	kilog.	0,375	Mêmes quantités que celles distribuées.
Vin	litre.	0,25	*Idem.*
Bouillon gras	id.	0,50	
Bœuf bouilli	kilog.	0,125	200 grammes de viande crue par homme.
Légumes	ceux provenant de la marmite (1).		

(1) Lorsque le nombre des malades rend insuffisante la quantité de ces légumes pour l'alimentation des infirmiers, il y est pourvu par voie d'achat, afin de porter cette quantité à 4 portions pour chaque homme.

OBSERVATIONS GÉNÉRALES.

Potages (communs aux officiers, sous-officiers et soldats). — Ne peuvent être prescrits qu'en remplacement des bouillons gras ou maigres, ou des soupes grasses ou maigres, et jamais en même temps, et seulement aux malades à 2 ou à 4 portion.

Pain de gluten. — Il peut être prescrit du pain de gluten, mais seulement aux malades, officiers, sous-officiers ou soldats, atteints de diabète sucrée. Cet aliment se distribue à 2 portions de 60 grammes et 4 de 30 grammes ; il remplace le pain ordinaire.

Légumes pour la marmite. — Il est alloué 200 grammes par kilogramme de viande crue à mettre à la marmite.

ASSAISONNEMENTS.

Sel. — 18 grammes par homme et par jour.

Beurre ou saindoux. — Suivant les ressources du pays ou la qualité de la denrée, le beurre ou le saindoux seront employés indistinctement, pour toutes les préparations, aux quantités ci-après, savoir : 40 grammes par 4 portions d'œufs sur le plat, frits ou en omelette, et par 4 portions de poisson ou de légumes ; 5 grammes par 4 portions de ragoût ; 2 grammes 05 par 4 portions de rôti.

Sucre. — 4 grammes par lait pour boisson, riz au lait, pour aliment et par potage au lait.

Huile. — 15 grammes par 4 portions de salade et de légumes d'officiers, préparés à l'huile, 10 grammes par 4 portions de morue.

Il est, en outre, alloué 2 centimes par journée d'officiers, et 1 centime par journée de sous-officiers et soldats malades, pour le poivre, la farine, le vinaigre et autres condiments nécessaires.

Composition du régime alimentaire des malades traités dans les hôpitaux militaires.

OBSERVATIONS. — Le régime dit *ordinaire* pourra ne s'inscrire sur les cahiers de visite que par les signes indicatifs des quantités de pain, savoir : 4, 3, 2, 1, 1/2. — A tous les degrés du régime alimentaire, le médecin traitant peut supprimer, sans compensation, l'un des aliments, quand il le juge utile. — Un potage maigre, le chocolat et le café au lait peuvent être prescrits pour être distribués avant la visite. Le potage, dans ce cas, sera donné en remplacement de celui du repas du matin. Le chocolat et le café au lait en déduction d'un aliment ordinaire ou léger à 2 P. — Pour les malades à la diète de pain, on pourra mettre dans le bouillon gras ou maigre, qui leur est prescrit, un ou deux œufs. — Dans les cas spéciaux, des malades à 2 P. et au-dessous pourront recevoir un second potage en remplacement d'un aliment. — Le vin et les autres boissons alimentaires sont prescrits séparément et indépendamment des prescriptions alimentaires. Le lait est une boisson alimentaire. — Pour toutes les positions, le régime ordinaire des officiers se composera comme celui des soldats auquel on ajoutera par distribution, conformément à la note ministérielle du 18 septembre 1833, un aliment léger ou particulier à 4 portions ou deux aliments légers ou particuliers à 2 P. — Il est accordé un aliment en plus aux officiers supérieurs.

RÉGIME ordinaire.	4 PORTIONS.		3 PORTIONS.		2 PORTIONS.		1 PORTION.		1/2 PORTION.		DIÈTE DE PAIN.		DIÈTE
	Composition.	Quantités.	Composition.	Quantités.	Composition.	Quantités.	Composition.	Quantités.	Composition.	Quantités.	Composition.	Quantités.	absolue.
Soupe grasse et viande bouillie à un repas. Soupe maigre et viande rôtie ou apprêtée à l'autre repas.	Pain . . . . . Soupe grasse ou maigre . . . Viande bouillie, rôtie ou apprétée. Légumes, 4 portions.	0k. 330 0l. 375 0k. 070 0l. 25	Pain . . . . . Soupe grasse ou maigre . . . Viande bouillie, rôtie ou apprétée. Légumes, 4 portions.	0k.2475 0l. 375 0k. 080 0l. 25	Pain . . . . . Soupe grasse ou maigre . . . Viande bouillie, rôtie ou apprêtée. Légumes, 2 portions.	0k.165 0l. 375 0k. 070 0l. 125	Pain . . . . . Soupe grasse ou maigre . . . Viande bouillie, rôtie ou apprétée. Légumes 2 portions.	0k.0825 0l.375 0k. 035 0l. 125	Pain . . . . . Soupe grasse ou maigre . . . Légumes, 2 portions.	0k.04125 0l. 375 0l. 125			"
VARIÉTÉS.	*ou :* Pain . . . . . Soupe grasse ou maigre . . . Viande bouillie, rôtie ou apprêtée.	0k. 330 0l. 375 0k. 440	*ou :* Pain . . . . . Soupe grasse ou maigre . . . Viande bouillie, rôtie ou apprêtée.	0k.2475 0l. 375 0k.165	*ou :* Pain . . . . . Soupe grasse ou maigre . . . Viande bouillie, rôtie ou apprêtée. *ou :* Même régime et aliment léger à . . *ou :* Même régime et côtelette en remplacement de viande à l'un ou aux deux repas.	0k.165 0l. 375 0k. 070 2 P.	*ou :* Pain . . . . . Soupe grasse ou maigre . . . Viande bouillie, rôtie ou apprêtée. *ou :* Même régime et aliment léger à . . *ou :* Même régime avec potage gras remplaçant la soupe	0k.825 0l. 375 0k. 035 2 P.	*ou :* Pain . . . . . Soupe grasse ou maigre . . . Et légumes léger . . . . . *ou :* Ou 2 aliments légers 5 . . . . *ou :* Ou 2 aliments légers à	0k.04125 0l. 375 4 P. 2 P.	*Régime gras :* Bouillon ou potage gras . . . . Et aliment léger . . *ou :* Ou 2 aliments légers à . . . . *ou :* Bouillon ou potage gras à 4 P. ou à 2 P. sans aliments légers *ou :* Aliment léger sans potage	0l. 375 4 P. 2 P. 4 P.	Les malades à la diète absolue pourront recevoir, selon la prescription du médecin traitant, du vin ou toute autre boisson alimentaire.

Composition du régime alimentaire des malades traités dans les hôpitaux militaires.

RÉGIME ordinaire.	4 PORTIONS.		3 PORTIONS.		2 PORTIONS.		1 PORTION.		1/2 PORTION.		DIÈTE DE PAIN.		DIÈTE absolue.
	Composition.	Quantités.	Composition.	Quantités.	Composition.	Quantités.	Composition.	Quantités.	Composition.	Quantités.	Composition.	Quantités.	
Soupe grasse et viande bouillie à un repas. Soupe maigre et viande rôtie ou apprêtée à l'autre repas.	Pain . . . . . Soupe grasse ou maigre . . . . . Viande bouillie, rôtie ou apprêtée. Légumes, 4 portions.	0k. 330 01. 375 0k. 070 01. 95	Pain . . . . . Soupe grasse ou maigre . . . . . Viande bouillie, rôtie ou apprêtée. Légumes, 4 portions.	0k 2475 01. 375 0k. 050 01. 023	Pain . . . . . Soupe grasse ou maigre . . . . . Viande bouillie, rôtie ou apprêtée. Légumes, 2 portions.	0k. 165 01. 375 0k. 070 01. 425	Pain . . . . . Soupe grasse ou maigre . . . . . Viande bouillie, rôtie ou apprêtée. Légumes, 2 portions.	0k 0625 01. 375 0k. 035 01. 125	Pain . . . . . Soupe grasse ou maigre . . . . . » Légumes, 2 portions.	0k. 04125 01. 375 01. 425	» » » »	» » » »	» » » »
VARIÉTÉS.					*Régime gras sans viande :* Pain . . . . . Soupe grasse ou maigre . . . . . Légumes ou aliment léger. . . *ou:* 2 aliments légers à . . . . . *ou:* Même régime avec potage gras remplaçant la soupe matin et soir. — *Régime maigre:* Même régime avec potage maigre ou au lait matin et soir. . . .	0k. 165 01. 375 4 P. 2 P.	*Régime gras sans viande :* Pain . . . . . Soupe grasse ou maigre . . . . . Légumes ou aliment léger. . . *ou:* 2 aliments légers à . . . . . *ou:* Même régime avec potage gras remplaçant la soupe matin et soir. — *Régime maigre:* Même régime avec potage maigre ou au lait matin et soir. . . .	0k. 825 01. 375 4 P. 2 P.	*Régime maigre :* Même régime et potage maigre ou au lait remplaçant la soupe *ou:* Mêmes régimes avec aliments particuliers (gras ou maigre).		*ou:* 2 aliments légers à . . . . . — *Régime maigre:* Même régime avec potage maigre et soir, *ou:* Bouillon maigre *ou:* Mêmes régimes avec aliments particuliers (gras ou maigre), *ou:* Bouillon gras ou maigre, 4 fois par jour.	2 P.	Les malades à la diète absolue peuvent recevoir, selon la prescription du médecin traitant, du vin ou toute autre boisson alimentaire.

Composition du régime alimentaire des malades traités dans les hôpitaux militaires.

MODÈLE N° 8 (*Suite*).

RÉGIME ordinaire.	4 PORTIONS.		3 PORTIONS.		2 PORTIONS.		1 PORTION.		1/2 PORTION.		DIÈTE DE PAIN.		DIÈTE absolue.
	Composition.	Quantités.	Composition.	Quantités.	Composition.	Quantités.	Composition.	Quantités.	Composition.	Quantités.	Composition.	Quantités.	
VARIÉRÉS.					*Nota.* Les potages ne doivent être prescrits que très-exceptionnellement aux sous-officiers et soldats en remplacement de la soupe. Ils pourront être prescrits aux officiers sans exception. Les malades (sous-officiers et soldats) à 2 portions ne pourront recevoir que des aliments légers de la 1re catégorie.		La côtelette ne peut être prescrite matin et soir que dans la proportion de 1/10e de l'effectif général des malades.				Les potages peuvent être prescrits à 2 portions. Les aliments particuliers ne doivent être prescrits qu'avec une excessive réserve.		

La volaille, aliment léger, peut être prescrite à 1 portion et au-dessous, aux malades au régime gras sans viande ou au régime maigre.

À 1 portion, 1/2 portion ou à la diète de pain, le bouillon peut être prescrit en remplacement de soupe ou potage (gras ou maigre).

Les aliments légers des deux catégories peuvent être prescrits sans exception aux malades à 2 portions et au-dessous.

Composition en linge des appareils à pansements.

DÉSIGNATION DES APPAREILS.	DÉSIGNATION DES OBJETS.	QUANTITÉS.	OBSERVATIONS.
Appareil des blessés . . .	Bandes	vingt.	
	Compresses { ordinaires.	trente.	
	{ fenétrées..	dix.	
	Suspensoirs	quatre.	
	Bandages de corps. . . .	quatre.	
	Id. carrés.	quatre.	
	Id. en T.	quatre.	
	Id. triangulaires. .	quatre.	
	Écharpes.	deux.	
	Paquets de lambeaux. . .	deux.	
Appareil des fiévreux . . .	Bandes, ...	vingt.	
	Compresses	quarante.	
	Suspensoirs	deux.	
	Bandages de corps, . . .	quinze.	

Suite de la Composition en linge des appareils à pansements.

DÉSIGNATION DES APPAREILS.	DÉSIGNATION DES OBJETS.	QUANTITÉS.	OBSERVATIONS.
Appareil des fiévreux. . .	Bandes carrées. : : : . .	deux.	
	Écharpes.	deux.	
	Paquets de lambeaux. : .	deux.	
Appareil des vénériens . .	Bandes	quinze.	
	Compresses { ordinaires.	vingt-cinq.	
	Compresses { fenêtrées..	cinq.	
	Suspensoirs	six.	
	Bandages carrés . , , . .	vingt.	
	Paquets de lambeaux . .	trois.	
Appareil de garde. . . .	Bandes.	vingt.	
	Compresses { ordinaires.	vingt-cinq.	
	Compresses { fenêtrées..	cinq.	
	Suspensoirs	quatre.	
	Bandages de corps. . .	dix.	
	Id. carrés. . . .	quatre.	
	Écharpes.	trois.	
	Paquets de lambeaux . .	un.	

TABLEAU comparatif des divers bandages. Modèle n° 10.

BANDAGES SIMPLES.

DÉNOMINATION.	Longueur.	Largeur.
	m. c.	m. c.
Circulaire du front	2 00	0 04
Croisé d'un œil (monocle)	1 50	0 04
Croisé des yeux (binocle) à 1 globe	6 00	0 04
Id. id. 2 globes	8 00	0 04
Bandeau	0 70	0 15
Croisé de la tête et de la face	4 00	0 04
Croisé de la tête et du cou	4 00	0 05
Plein triangulaire de la tête	0 70	0 70
Circulaire du cou	1 50	0 05
Circulaire de la poitrine ou de l'abdomen	8 00	0 06
Spiral de la poitrine ou de l'abdomen	10 00	0 06
Oblique du cou et d'une aisselle	5 50	0 05
Oblique du cou et de l'aisselle pour la saignée	2 00	0 05
Croisé du cou et d'une aisselle	4 00	0 04
Croisé d'une épaule et de l'aisselle opposée	8 00	0 04
Croisé antérieur ou postérieur des épaules	11 00	0 04
Croisé d'une mamelle	9 00	0 06
Croisé des deux mamelles	11 00	0 06
Croisé de l'aine	8 00	0 04
Croisé des aines	12 00	0 04

BANDAGES COMPOSÉS.

DÉNOMINATION.
Fronde du menton
Fronde à 6 chefs (bandage Galien)
Serre-tête
T double de la poitrine et de l'abdomen (bandage de corps)
T de l'aine
T double du périnée
Bandage carré de la fesse
Suspensoir des testicules
Camisole de force

LIENS DE MAYOR.

DÉNOMINATION.	Longueur.	Largeur.
	m. c.	m. c.
Triangle d'un œil	0 70	0 70
Triangle des yeux	0 70	0 70
Triangle mentonnier	0 70	0 70
Triangle de la tête et de la face	0 70	0 70
Triangle de la tête et du cou	0 70	0 70
Grand plein quadrilatère de la tête	1 00	0 90
Triangle de la tête	0 70	0 70
Cravate circulaire du cou	0 70	0 70
Carré long de la poitrine et de l'abdomen	1 20	0 20
Cravate oblique du cou et de l'aisselle	0 70	0 70
Triangle de la poitrine et d'une épaule	0 70	0 70
Cravate croisée du cou et d'une aisselle	0 70	0 70
Cravate croisée d'une épaule et de l'aisselle opposée	1 05	1 05
Cravate croisée des épaules	1 05	1 05
Triangle d'une mamelle	1 00	0 70
Triangle des mamelles	0 70	0 70
Triangle de l'aine	0 70	0 70
Cravate croisée de l'aine	0 70	0 70
Cravate croisée des aines (2 de)	1 05	1 05
Triangle du bassin	0 70	0 70
Cravate inter-cuisse (2 de)	1 70	0 70
Triangle de la fesse (2 de)	0 70	0 70
Triangle des testicules (2 de)	0 70	0 70

TABLEAU comparatif des divers bandages. (Suite du modèle n° 10.)

BANDAGES SIMPLES.			BANDAGES COMPOSÉS.	LIENS DE MAYOR.		
DÉNOMINATION.	BANDES.		DÉNOMINATION.	DÉNOMINATION.	MOUCHOIRS.	
	Longueur.	Largeur.			Longueur.	Largeur.
	m. c.	m. c.			m. c.	m. c.
Circulaire d'un doigt.	0 50	0 02		Carré long d'un doigt.	0 44	0 02
Circulaire de l'avant-bras.	1 00	0 04		Carré long de l'avant-bras.	0 80	0 04
Circulaire du bras.	1 00	0 04		Carré long du bras.	0 52	0 05
Spiral d'un doigt.	1 00	0 02		Carré long d'un doigt.	0 44	0 02
Spiral de tous les doigts (gantelet).	10 00	0 02		Triangle du poignet et des doigts.	0 56	0 56
Spiral de la main.	2 00	0 03		Triangle perforé de la main.	0 42	0 42
Spiral de l'avant-bras.	3 00	0 04		Triangle de l'avant-bras.	0 70	0 70
Spiral du bras.	4 00	0 04		Triangle du bras.	0 70	0 70
Croisé du pouce et du poignet.	2 00	0 02		Cravate du pouce et du poignet.	0 42	0 42
Croisé antérieur ou postérieur de la main ou du poignet.	2 00	0 03		Cravate du poignet et de la main.	0 70	0 70
Croisé du coude ou du pli du bras.	2 00	0 03		Cravate du pli du bras.	0 70	0 70
Écharpe quadrilatère.	1 00	0 80		Carré long du bras et de la poitrine.	1 00	0 80
Écharpe triangulaire.	1 00	1 00		Triangle du bras et de la poitrine.	1 00	1 00
Écharpe oblique.	1 00	1 00		Triangle oblique du bras et de la poitrine.	1 00	1 00
Écharpe moyenne ordinaire.	1 00	1 00		Triangle de l'avant-bras et du cou.	1 00	1 00
Petite écharpe.	0 40	0 15		Carré long de l'avant-bras ou de la main.	0 42	0 42
Circulaire d'un orteil.	0 50	0 02		Carré long d'un orteil.	0 44	0 02
Circulaire de la jambe ou de la cuisse.	2 00	0 06		Cravate circulaire de la jambe ou de la cuisse.	0 84	0 06
Spiral d'un orteil.	1 00	0 02		Carré long d'un orteil.	0 44	0 02
Spiral du pied.	2 00	0 03		Triangle du pied.	0 56	0 56
Spiral de la jambe.	5 00	0 05		Triangle de la jambe.	0 70	0 70
Spiral du genou.	3 00	0 05		Carré long du genou.	1 00	0 40
Spiral de la cuisse.	5 00	0 06		Carré long de la cuisse.	0 70	0 70
Croisé du cou-de-pied.	2 50	0 04		Cravate croisée du cou-de-pied et de la jambe.	0 70	0 70
				Triangle du talon.	0 42	0 42
Croisé du pied (bandage à enforax).	7 00	0 03		Cravate croisée du genou.	0 70	0 70
Croisé antérieur ou postérieur du genou.	4 00	0 04		Triangle des moignons.	0 70	0 70

Modèle n° 11.

PLAN FIGURATIF

DU CHARGEMENT

DU CAISSON D'AMBULANCE.

[Décision ministérielle du 20 août 1854.]

14.

Devant du Caisson.

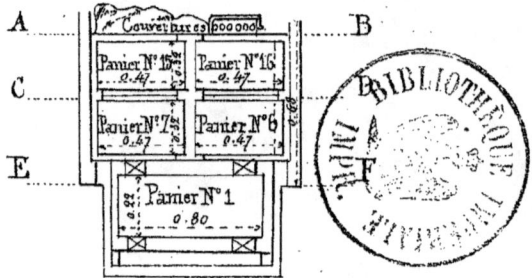

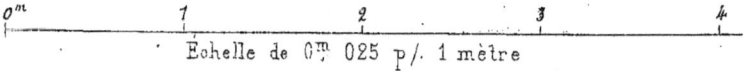

Echelle de 0ᵐ 025 p/. 1 mètre

Derrière du Caisson

PL. 2.

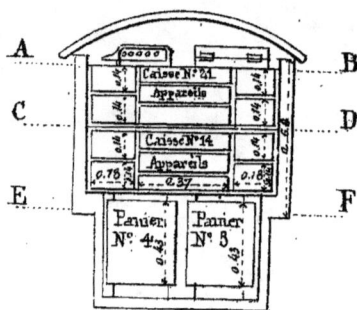

Derrière du Caisson

A — Caisse Nº 21. — B
Apparatus
C — Caisse Nº 14 — D
Appareils
0.75 — 0.37 — 0.18
E — Panier Nº 4 — Panier Nº 3 — F

265

Face latérale de gauche

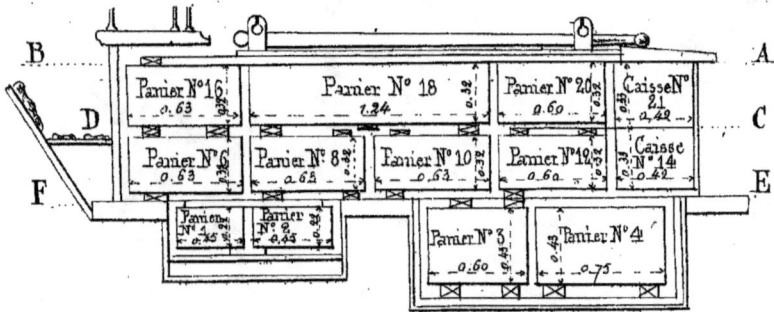

Face latérale de droite.

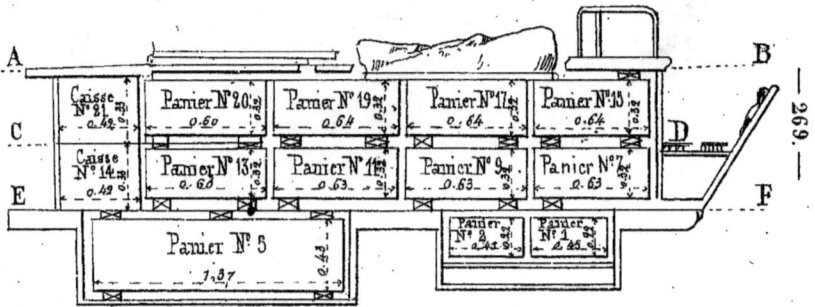

— 269 —

Plan supérieur

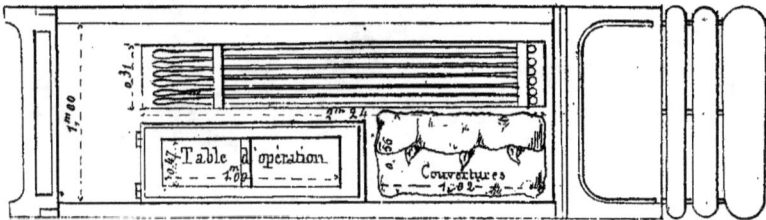

Table d'opération

Couvertures

Pl.6.

Plan intermédiaire suivant **AB**

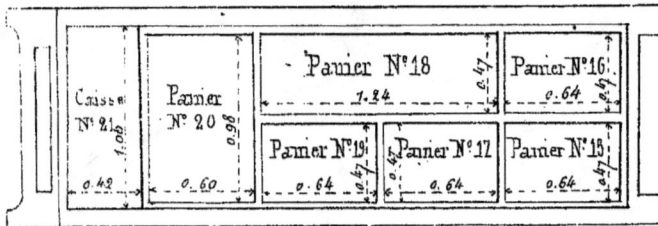

Plan intermédiaire suivant CD

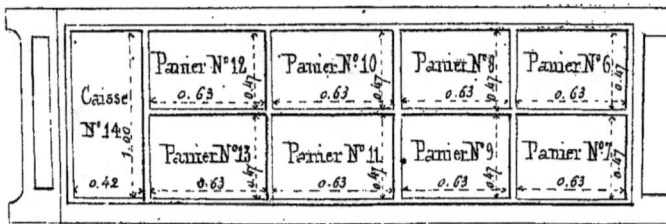

Plan inférieur suivant EF

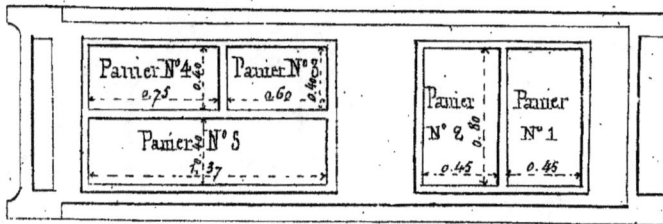

Panier N°4   Panier N° 3
0.75   0.60

Paniers N° 5
1.37

Panier N° 2   Panier N° 1
0.45   0.45

TABLE DES MATIÈRES.

TITRE PREMIER.

PREMIÈRE SECTION. — DISPOSITIONS GÉNÉRALES.

DEUXIÈME SECTION. — SERVICE JOURNALIER.

TITRE II.

INSTRUCTION.

PREMIÈRE PARTIE.

CAHIERS DE VISITE ET RELEVÉS JOURNALIERS DE PRESCRIPTIONS.

PREMIÈRE SECTION. — CAHIERS DE VISITE.

DEUXIÈME SECTION. — RELEVÉS JOURNALIERS DE PRESCRIP-TIONS.

§ I. — *Relevé des aliments.*

DEUXIÈME PARTIE.

PANSEMENTS.

TROISIÈME PARTIE.

BANDAGES.

PRÉMIÈRE SECTION. — BANDAGES SIMPLES.

§ I. — *Bandages circulaires.*

15

§ II. — *Frondes.*

§ II. — *Suspensoirs.*

§ IV. — *Bandages lacés.*

LIENS DE MAYOR.

QUATRIÈME PARTIE.

FIN DE LA TABLE DES MATIÈRES.

TABLE DES MODÈLES.

FIN DE LA TABLE DES MODÈLES.

TABLE ALPHABÉTIQUE

DES MATIÈRES CONTENUES DANS LE MANUEL.

(Les numéros indiqués correspondent aux articles.)

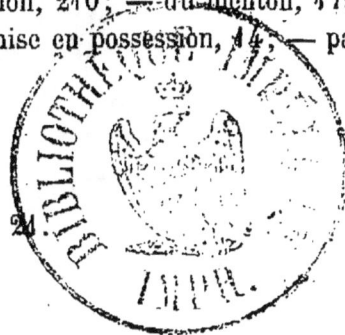

* 9 7 8 2 0 1 4 0 8 3 7 6 7 *